A prostituta de Todos

Natureza, sociedade e meio ambiente

Partes Editorial
São Paulo – SP - Brasil

Gilberto da Silva

A Prostituta de Todos

Natureza, sociedade e meio ambiente

2015

A Prostituta de Todos –natureza, sociedade e meio ambiente, por Gilberto da Silva

Para os que sonharam e para os que ainda sonham e esperam os sonhadores do futuro.

A Prostituta de Todos –natureza, sociedade e meio ambiente, por Gilberto da Silva

Apresentação

O objetivo desta obra visa contribuir para estimular, aprimorar e qualificar o público em geral e em especial professores, alunos, gestores e demais profissionais da educação para uma leitura crítica e reflexiva da realidade socioambiental a partir da diversidade e complexidade das teias de relações sociais, econômicas, políticas e culturais do mundo contemporâneo. Aborda, através de um enfoque interdisciplinar, as perspectivas da Educação Ambiental enquanto agente de mudança de comportamento da realidade socioambiental rumo a uma sociedade em busca da sustentabilidade ambiental, cultural e econômica.

A Natureza tem tantas facetas instáveis, imprevisíveis e violentas que o Homem precisa de toda a sua inquisidora inteligência e enorme potencialidade para compreender como melhorar e estabilizar suas caprichosas preciosidades. (WARD, 1973, p.82)

Parte I

O homem e a natureza

Capítulo I
Uma pequena trajetória da história

A concepção de natureza, no decorrer da história, foi influenciada por muitos pensadores de diversas matizes e vertentes ideológicas. Para percorrer este caminho explicativo deve-se levar em conta o alto grau de complexidade e exigir um olhar ampliado para que se possa extrair, com maior fidedignidade, os significados presentes. A história desta concepção, ou o que podemos chamar hoje de história ambiental, é a história de vários ciclos da vida e da evolução, das mudanças tecnológicas e das transformações culturais e sociais.

O que hoje entendemos e denominamos como ecologismo ou ambientalismo, ou preocupação com o meio ambiente, não existia há 300 ou 200 anos atrás. Entendendo, hoje, ambientalismo como o conjunto de ideias, filosofias e movimentos que preconizam a defesa da preservação e da conservação do meio ambiente ou da biosfera com a preocupação fundamentada na melhoria das populações.

Mesmo até a metade do século XX a expressão ambientalismo e o entendimento sobre o assunto existiam apenas nos discursos de poucos especialistas. De fato existia até meados do século passado quase tudo o que conhecemos como "destruição do meio ambiente", porém não denominado dessa forma.

As catástrofes ambientais certamente já ocorreram nos séculos passados, mas não eram reconhecidas como uma ameaça para a humanidade e para o progresso da sociedade assim como conhecemos e entendemos na atualidade.

É um erro creditarmos apenas ao homem contemporâneo a culpa pelas graves infrações ao ambiente. Desde a Antiguidade e na Idade Média observam-se o desenvolvimento de alterações humanas na natureza sem observar os preceitos ecológicos; pouco ou quase nenhum cuidado existia no trato das questões ambientais.

Por certo destruir a natureza fazia parte do processo civilizatório. O homem evoluiu depredando e "dominando a natureza". A própria história da formação da nação brasileira é baseada neste processo depredador. Aprendemos, desde cedo, que somos um povo rico, um país cuja riqueza natural é inigualável, rico em água, uma terra que é fonte inesgotável de riqueza e livre de catástrofes naturais. Teria o homem conhecimento de que o desmatamento, a erosão do solo e o lançamento de lixo nos esgotos poderiam trazer danos ambientais? Teria o homem daquela época condições de perceber o perigo da degradação ambiental?

O historiador Keith Thomas em seu livro O *Homem e o mundo natural* apresenta um painel do desenvolvimento da urbanidade e das preocupações ecológicas. O livro é um estudo enciclopédico sobre a relação do homem com animais e plantas, onde o autor tenta desvendar porque comemos, porque plantamos, porque gostamos deste ou daqueles animais. No início de sua obra, o autor apresenta uma questão interessante:

> Há apenas poucos séculos atrás, a mera ideia de resistir à agricultura, ao invés de estimulá-la, pareceria ininteligível. Como teria progredido a civilização sem a limpeza das florestas, o cultivo do solo e a conversão da paisagem agreste em terra colonizada pelo homem? (THOMAS, 1989, p.7)

Para o historiador, que analisou o comportamento do homem inglês de 1500 à 1800, a visão predominante era de que o mundo fora criado para servir ao homem e seus desejos, o que já é dado desde o Gênesis (IX, 1-3). Por certo a ideia bíblica da dominação da natureza fundamentou a consciência das pessoas durante centenas de anos e estabeleceu nossos hábitos alimentares e uma visão de mundo que ainda é predominante em muitas culturas. Mas também incrementou a ideia do conhecimento imutável onde nada existe ou acontece se não for dentro da vontade expressa de Deus. Thomas alerta que "há apenas poucos séculos atrás, a mera ideia de resistir à agricultura, ao invés de estimulá-la, pareceria ininteligível" e questiona se teria a civilização progredido "sem a limpeza das florestas, o cultivo do solo e a conversão da paisagem agreste em terra colonizada pelo homem?".

> A tarefa do homem, nas palavras do *Gênesis* (I, 28), era "encher a terra e submetê-la"; derrubar matas, arrancar fetos, drenar pântanos. A agricultura estava para a terra como o cozimento para a carne crua. Convertia natureza em cultura. Terra não cultivada significava homens incultos. (THOMAS, 1989, p. 17)

Para Thomas, a natureza foi classificada segundo sua utilidade para os homens. Terra boa e bonita era sinônima de terra bem cultivada. As montanhas improdutivas, por exemplo, eram vistas de forma pejorativas, esteticamente horrendas.

As montanhas que em meados do século XVII eram odiadas como "estéreis", vistas como "deformidades", "verrugas", "furúnculos", "monstruosidades", "excrescências", "refugo de terra", "pudenda da Natureza", tinham se transformado, cerca de um século depois, em objetos da mais elevada admiração estética (THOMAS, 1989, p. 307).

Cria-se, portanto, a partir do século XVIII uma visão estética da natureza que seria mais tarde idealizada por poetas, pintores e escritores como uma visão de um mundo saudável, harmônico e estável. A natureza passa a ser "divina"

> No Renascimento dos séculos XV e XVI, muitas famílias enriquecidas com o intercâmbio comercial contratam cientistas para produzir novos conhecimentos e compram obras e manuscritos antigos onde quer que se encontrem preservados. O interesse pelo movimento da Terra no espaço e pela origem da vida animal e vegetal é reavivado. Pensadores importantes como Giordano Bruno e Galileu Galilei são perseguidos por suas visões de mundo. Mais do que isso modelos mecanicistas ajudam a desvendar as configurações geométricas do sistema solar. (MERICO, 2001, p.252)

A partir do século XVIII, novas formas de olhar a natureza começam a ser valorizadas, em contraste com as interpretações antropocêntricas de ver a natureza. Novas formas que valorizam o selvagem e o rústico como reservas de integridade biológica, estética e moral.

> Esta mudança deve ser compreendida com o advento da Revolução Industrial na Inglaterra que daria impulso a uma mudança em direção a um mundo definitivamente urbano e industrial (CARVALHO, 2003, p.111)

Francis Bacon (1561-1626), pioneiro no intento de sistematizar a lógica do procedimento científico e conhecido por ser considerado o pai da frase "saber é Poder" ressaltava a importância da indução como coisa oposta à dedução. Podemos considerar Francis Bacon como o fundador da ciência moderna Bacon ficou conhecido como o pensador que via a natureza como "a prostituta de todos" e que fazia um chamado a todas as futuras gerações para "domesticar", "ajustar", "moldar" e "configurar" a natureza, como pretexto para o homem tornar-se o senhor soberano, indiscutível, do mundo físico.

Bacon fundamentava seu pensamento nas possibilidades tecnológicas de construção de uma nova sociedade de acordo com a natureza do homem real e com sua capacidade para controlar as leis naturais descobertas pela ciência. Para o filósofo a natureza tinha que ser dominada. A base da filosofia do sistema social de Bacon é a separação homem-natureza.

> Munido de seu método científico, Bacon estava convencido de que tínhamos, finalmente, uma metodologia que permitiria "conquistar e subjugar" a natureza e "abalar até suas fundações". Bacon, com sua noção de sociedade inteiramente regulada por métodos científicos, estabeleceu os fundamentos para o Iluminismo que se seguiu, fornecendo uma visão sistemática da ascendência final da humanidade sobre a natureza. Isaac Newton (1642-1727), René Descartes (1596 – 1650), John Locke (1632-1704) e outros filósofos iluministas construíram uma visão do mundo que continua a inspirar muitos biólogos moleculares e empresários de hoje, em sua jornada rumo a capturar e colonizar a última fronteira, o domínio genético, cerne do mundo natural (RIFKIN, 1999, p. 179).

No século XVII, as mudanças revolucionárias foram implementadas e complementadas por René Descartes, considerado o pai do racionalismo moderno e criador do método analítico, que indica a divisão infinita do todo em partes para um melhor entendimento/compreensão no pensamento.

> Descartes herda do século XVI, mais precisamente de Francis Bacon, a ideia de que o homem está destinado não apenas a contemplar, através do conhecimento, os segredos da natureza, mas também a dominá-los. O que distingue o homem não é apenas a compreensão que ele pode obter das coisas que o rodeiam, mas sobretudo o domínio que pode impor a essas coisas, fazendo do conhecimento da natureza um meio de colocá-lo a seu serviço (SILVA, 1993, p. 94)

O filósofo francês rejeita todo conhecimento que é meramente provável e considera que só se deve acreditar "naquelas coisas que são perfeitamente conhecidas e sobre as quais não pode haver dúvidas" A razão matemática é um instrumento lógico para a compreensão do mundo. O corpo cartesiano é apenas uma máquina. Em sua concepção, o universo material e os organismos vivos eram máquinas, e a natureza era regulada por leis mecânicas. Esta metáfora da máquina é, posteriormente, projetada para a visão de Isaac Newton, que forneceu as bases da Mecânica Clássica estabelecendo uma visão do mundo como uma espetacular máquina perfeita, movida por leis causais determinadas, em última instância, por seu Divino criador: as leis de Deus. Descartes, cujo pensamento exerce grande influência no modo de pensar ocidental, formula um pensamento filosófico dualista, admitindo duas realidades *res cogitans* (o reino da mente e que não tem relação com o material) e a *res extensa* (o reino da matéria e a qual pertence a natureza), o que permitiu aos cientistas tratar a matéria como inerte, morta.

Descartes tinha como projeto atingir, no que se refere à mente, o mesmo grau de precisão lógica: "penso, logo existo".

Segundo DUPAS (2006: 39) o cartesianismo se "acentava em dois axiomas: a supremacia da razão- que se chocava com o autoritarismo e a tradição – e a invariabilidade das leis da natureza". É a ruptura entre matéria e espírito. As ideias de Descartes influenciaram nossa relação com a natureza. O cartesianismo fez com que o humanismo e o pensar historicamente ficasse em segundo plano. Descartes colocou o homem europeu e branco na posição de Dono e Senhor da natureza.

Locke, filósofo inglês, segue os passos empíricos de Bacon, reformulando-os e ficando no meio do caminho de Hobbes e Rousseau. Para Locke, a ideia de propriedade surge quando o homem olha algo, decide pegar e dizer que é seu. A ideia de propriedade é dada pelo homem, a natureza está somente à serviço dele. O homem não se confunde com a própria natureza, porque o homem é o ser principal sobre a terra e a natureza só está ali para servi-lo. E de preferência, bem servido!

Segundo Rifkin (1999: 179) "ganhar acesso e controlar os próprios cianotipos da vida é apoteose da visão iluminista. John Locke, o grande teórico político do Iluminismo, observou que os seres humanos são, por natureza, aquisitivos e utilitários"

Uma boa batalha no campo social se dá entre Rousseau e Hobbes (1588-1679). Hobbes, filósofo empirista que investigou a essência do Estado moderno, fornece a ideia de que a transição para o social faz-se à custa do total aniquilamento do natural. Para Hobbes, no estado natural o homem era livre, egoísta, igual em capacidade a todos os outros: o homem era o lobo do homem.

Em contraposição a Hobbes, o pensador francês Jean-Jacques Rousseau (1712-1778), expressão máxima do pensamento iluminista, afirma que o homem nasce essencialmente bom, desprovido do vício e de qualquer forma de egoísmo. A vida social é que corrompe o homem. A sociedade civil e não o estado da natureza é o que prevalece na ótica de Rousseau. O Iluminismo, no século XVIII desafiou a "verdade" teológica de que o céu estava longe da terra.

Um dos primeiros estudiosos de Rousseau no Brasil, Lourival Gomes Machado, destacava na década de 50: "O contrato social nada mais é do que a transposição, para o plano da consciência, da realidade social e a formulação explícita, em regra racionalmente formulada e voluntariamente aceita, do processo natural da formação dos grupos e da transformação do indivíduo pelas relações sociais" (1954: 103).

Para Rousseau à medida que o homem evolui é impossível voltar à vida anterior. A volta seria uma regressão.

Podemos indicar que Rousseau antecipou elementos que hoje são constitutivos de uma educação ambiental ou de um processo de consciência ecológica

> Pensando o homem a partir do estado da natureza, Rousseau afirma que ele tinha sido feliz, mas seria impossível voltar à vida anterior. Isso ocorreria porque a faculdade de autoevolução que, por força das circunstâncias, gradualmente desenvolve o resto de nossas faculdades, é inerente às espécies e aos indivíduos (...) para

> Rousseau, á medida que o homem evoluiu e acumulou propriedade, houve crescente insegurança e surgiu a exigência da criação do estado, que acabou assumindo feições tirânicas. (DUPAS, 2006, p. 53)

O evolucionismo, no final do século XIX, abalou a ideia da subordinação da natureza pelo homem.

Um mural de 1934 de Diego Rivera (1886-1957), exposto no Palácio de Belas Artes, na Cidade do México, é intitulado "Homem, controlador do universo". Nele, Darwin está no lado inferior esquerdo, apontando para um símio, que ajuda um bebê humano a se erguer. Vários outros animais cercam Charles Darwin.

Foi o naturalista francês Jean-Baptiste Pierre Antoine Chevalier de Lamarck, antes de Darwin, no meio do século XIX, quem colocou a questão do dogma da imutabilidade das espécies e propôs uma teoria também transformadora baseada na seleção natural e que contribuiu para o desenvolvimento da teoria da evolução. Para Lamarck uma mudança no meio ambiente provocaria modificações na espécie.

Darwin, que considerava Lamarck um sábio, elaborou a sua teoria da evolução que "demonstrava que a competição por recursos limitados fazia sobreviver apenas os mais adaptados, foi aplicada também ao mundo industrial da Inglaterra". (MÉRICO, 2001, p.253)

A concepção dominante na época de Darwin era teleológica, embasada numa noção de providência divina. Todas as espécies eram frutos de uma criação natural/original e separada por Deus, o conceito tradicional de "Escala da Natureza" em que o que vigorava era a crença de que Deus criou o mundo para o "homem".

Darwin também foi influenciado pelo economista inglês Thomas Malthus (1766-1834) que lançou as bases do que viria a ser conhecida como malthusianismo, teoria que afirma que a população cresce num ritmo mais veloz do que a produção de alimentos. Malthus dizia que as populações crescem em progressão geométrica, enquanto os meios de sua subsistência aumentam em progressão aritmética.

Durante a Revolução Industrial girava a força predatória e interventora do homem em relação à natureza. George Orwell no livro *O Caminho para Wigan Pier* retrata, por exemplo, a vida sofrida das populações pobres que viviam nas áreas de mineração e traça um perfil – numa excelente reportagem – da degradação humana causada pelo industrialismo.

Mudanças no paradigma começam a ocorrer, sobretudo, a partir de 1972 com a realização da Primeira Conferência Mundial do Meio Ambiente Humano, em Estocolmo (Suécia) organizada pela ONU – Organização das Nações Unidas. Até a década de 1980 a sociedade dava as costas para os problemas ambientais, no máximo mostrava um pouco de interesse por assuntos locais, principalmente a poluição, por ser um assunto que afetava diretamente a vida das pessoas das grandes cidades. No Brasil, como veremos em outros momentos, "mostra uma visão retrospectiva mostra a degradação ambiental como decorrência da teia de relações sociais e econômicas sedimentadas desde a colônia" (MILARÈ, 1992: 06). Sempre contando com um Estado omisso, com políticos complacentes ou aliados da exploração da natureza.

A ideologia do progresso justificava até pouco tempo as ações empresariais e era identificado como a marcha da história moderna. Uma marcha linear com o crescente domínio da natureza pelo homem.

A concentração de renda e as desigualdades sociais são os efeitos perversos deste tipo de ideologia do progresso. Segundo Foladori (2001, p.210)

> as relações capitalistas implicam determinadas leis de comportamento em relação ao meio ambiente. A busca do lucro como objetivo em si da produção capitalista favorece a produção capitalista ilimitada. Isso não é intrínseco à natureza humana, como supõem a teoria econômica neoclássica e a keynesiana, que identificam o que é o próprio de um momento histórico como algo da espécie humana.

As alternativas estão postas. Fala-se em desenvolvimento sustentável, ecodesenvolvimento, ecossocialismo, ecoeficiência ou sustentabilidade todos calcados na visão de que é impossível conciliar desenvolvimento, preservação do meio ambiente ou melhoria na qualidade de vida com destruição, degradação e gestão irracional dos recursos naturais.

Capítulo II

Marx e a natureza - o método materialista histórico e dialético em questão

O marxismo, apesar de ser uma rica fonte metodológica para os assuntos ambientais, é acusado por uma parte dos autores ambientalistas de ser uma teoria e uma filosofia que não contribui para estas questões. Acusam o marxismo de ser antropocêntrico e produtivista.

Marx e Engels trataram, à sua forma e época, de aspectos inerentes à relação do homem com a natureza. Marx foi impactado pelo trabalho de Darwin.

Segundo Santos (1996:58), nos *Manuscritos,* Marx se referia à natureza "como o corpo inorgânico do homem, lugar das trocas recíprocas das quais a sociedade retira os meios de sua reprodução".

É o trabalho que produz esta diferença. Marx, segundo Foster, usou o conceito de metabolismo social para descrever a relação do homem com a natureza. Metabolismo entendido pelo processo por meio do qual a sociedade humana transforma a natureza externa e ao fazê-lo transforma a natureza interna. O trabalho é, então, o mediador universal desta relação. Nas palavras de Marx, "antes de tudo, o trabalho é um processo entre o homem e a Natureza, um processo em que o homem, por sua própria ação, media, regula e controla seu metabolismo com a natureza" (MARX, 1983, p.149).

O conceito de metabolismo (a interação entre a natureza e a humanidade) foi adotado por Marx para possibilitar a compreensão de que há uma mediatização da sociedade com a natureza, e que a força motivadora dessa interação é o processo de trabalho, pois tanto o Sujeito – o trabalhador, como o Objeto – a matéria-prima a ser transformada – são fornecidos pela natureza ao trabalho.

Para Marx, a natureza e suas leis subsistem independentemente da consciência e desejos humanos, e tais leis só podem ser formuladas com a ajuda de categorias sociais. A natureza é dialética, e esta dialética se dá em função da interação do homem com a natureza.

Em *O Capital*, Marx inicia seu longo estudo sobre o capitalismo mostrando como a riqueza é, em primeira instância, "natureza adaptada as necessidades humanas; e é explícito quando afirma que não se trata somente de necessidades materiais, mas também as puramente espirituais devem ser satisfeitas a partir da riqueza natural" (FOLADORI, 2005, p.110).

Tanto Marx como Engels estavam convencidos de que a sociedade capitalista era econômica e politicamente insustentável.

Para Marx, a sociedade capitalista é baseada na produção de mercadorias e a natureza é valorizada se puder ser trocada por dinheiro, ou por outra mercadoria.

> Por volta da década de 1860, ao escrever *O Capital*, Marx já havia se convencido da natureza insustentável da agricultura capitalista graças à crescente sensação, tanto na Europa como na América do Norte, de crise associada ao esgotamento da fertilidade natural do solo. (DUPAS, 2008, p. 41)

Em *O Capital*, Marx (1983, p.45) observa com propriedade que "a revolução no modo de produção da indústria e da agricultura exigiu também uma revolução nas condições gerais do processo de produção social, isto é, nos meios de comunicação e transportes". O fluxo de informações seguiu o fluxo do comércio, a mercadoria no entendimento marxista é a forma elementar de satisfazer as necessidades humanas.

Marx para alguns ambientalistas não tinha nenhum interesse pela natureza. Segundo Foladori (2005, p.107) "é curioso que os mesmos ambientalistas que hoje buscam uma relação mais harmônica com o meio ambiente são aqueles que acusam Marx de desinteresse pela natureza".

A ideia de Marx de que a sociedade se transforma pelo desenvolvimento de contradições é essencial para compreender a sociedade contemporânea, e a análise que fez da contradição que assegura a exploração do trabalho nas sociedades capitalistas continua a ser genericamente válida. O que Marx não viu foi a articulação entre a exploração do trabalho e a destruição da natureza e, portanto, a articulação entre as contradições que produzem uma e outra (SOUZA SANTOS, 1997, p.44).

Na atualidade o pensamento de Marx é ainda aceito, porém muitos ecologistas de hoje "vêem as coisas de maneira diferente apenas no sentido de que agora se sabe que a destruição ecológica global desempenhará um papel fundamental no jogo final do capitalismo" (FOSTER, 2005, p.173). Foster é um dos principais autores que defende Karl Marx da acusação de que ignorou a questão do meio ambiente. O trabalho de Foster pode ser apreciado através da leitura de A ecologia de Marx – materialismos e natureza, onde o autor destaca que não é necessário enxertar a teoria verde em Marx ou vice-versa e que Marx tinha uma visão profundamente ecológica.

Capítulo III
O Ecossocialismo

Há uma corrente nova, o ecossocialismo, que propõe uma ruptura com as imposições da lógica de mercado, superando a lógica da fragmentação da especialização e do conhecimento.

Nas palavras de Souza Santos (1997, p.336) o ecossocialismo é o paradigma emergente caracterizado como o desenvolvimento social que pode ser aferido pelo modo "como são satisfeitas as necessidades humanas fundamentais e é tanto maior, a nível global, quanto mais diverso e menos desigual".

O ecossocialismo prega o resgate histórico da luta pela justiça social, pela democracia como valor essencial e pelo direito à diferença. Prega uma nova utopia em que a defesa da vida não se restringe apenas à defesa da vida humana. Um meio ambiente saudável é incompatível com o capitalismo, sendo assim, para os ecossocialistas, o homem deve romper com as duas vertentes capitalistas: a neoliberal e a socialdemocrata. O mercado e o lucro devem deixar de ser a base constitutiva dos valores da humanidade. A lógica do mercado deve ser abandonada.

Pela ótica ecossocialista o desenvolvimento autossustentável e capitalismo são incompatíveis.

Nessa visão, o mercado não gosta dos pobres e nem da justiça social (que gera lucros imediatos). O ecossocialismo questiona a matriz produtivista e consumista e propõe um redirecionamento da produção-consumo que vise superar a miséria.

Michael Löwy, um dos autores do *Manifesto Ecossocialista,* prega uma ruptura com a ideologia produtivista do progresso em sua forma capitalista e/ou burocrática - e em oposição à expansão ilimitada de um modo de produção e de consumo incompatível com a proteção da natureza.

A racionalidade estreita do mercado capitalista, com seu cálculo imediatista de perdas e lucros, é intrinsecamente contraditória com uma racionalidade ecológica, que toma em consideração a temporalidade longa dos ciclos naturais. Não se trata de opor os "maus" capitalistas ecocidas aos "bons" capitalistas verdes: é o próprio sistema, baseado na concorrência impiedosa, nas exigências de rentabilidade, na corrida atrás do lucro rápido, que é destruidor do meio ambiente (LÖWY, 2006).

Esta corrente prega, portanto, a derrubada definitiva do sistema capitalista, a diversidade cultural e a criação de comunas autossustentáveis, quando a promoção de uma sociedade mais justa, humana e igualitária, onde num ambiente de democracia, os seres humanos possam conviver harmoniosamente entre si e com a natureza. Esta nova sociedade é denominada como socialista ecológica e é baseada na racionalidade ecológica.

Chico Mendes, um ativista ambiental

Löwy, brasileiro radicado na França há mais de 30 anos, destaca que o berço do movimento ecossocialista tem suas raízes nas lutas travadas no Brasil.

Uma figura que encarna de maneira exemplar o que é o combate do ecossocialismo é, evidentemente, Chico Mendes que, através da aliança que organizou entre os povos da floresta - seringueiros, comunidades indígenas, camponeses sem terra -, conseguiu mobilizar esses povos contra os latifundiários e contra as multinacionais, na defesa da floresta amazônica e por uma política extrativista que respeitasse o meio ambiente.

> Chico Mendes era um socialista convicto, internacionalista, pensava o socialismo em escala mundial. Acho que devemos nos inspirar no belo exemplo de pensamento e de ação de Chico Mendes, que sacrificou a sua vida por esse ideal do socialismo ecológico, mostrando como é possível, a partir das necessidades concretas de uma população oprimida, se plantar a sementes desse futuro, desse socialismo ecológico, sementes desse comunismo solar. (LÖWY, 2006, p.7)

Nascido em Xapuri, no Acre em 1844, e assassinado em 22 de dezembro de 1988, Chico Mendes organizou a luta contra o desmatamento ilegal na área. Em 1987, Chico Mendes ganhou o prêmio Global 500 concedido pela ONU para pessoas que se destacam na defesa ambiental do planeta.

A Prostituta de Todos –natureza, sociedade e meio ambiente, por Gilberto da Silva

Capítulo IV

Ecologia, Ecologismo e Ambientalismo

> Esse conceito de meio ambiente que hoje faz parte de nosso senso comum —ou pelo menos alguns de seus pressupostos — nasceu na ecologia; mais exatamente, (em primeiro lugar) nas ciências a partir das quais se pode *construir* uma história da ecologia. (TREPL,1998, p.330)

Ecologia é a ciência que estuda as relações entre os seres vivos e o meio ambiente que eles vivem. A ecologia é uma ciência e não um simples discurso ou exercício de retórica.

O termo *Ecologia* apareceu pela primeira vez no livro *"Generelle Morphologie der Organismen"* do zoólogo (biólogo, médico, naturalista, artista, filósofo) Ernest Haekel (1834-1919) com a intenção de definir as relações entre os seres vivos e o habitat. O termo Ecologia (Ökologie) é composto de duas palavras gregas: **oikos,** que significa moradia, lugar onde se vive, doméstico, da família ou habitat e **logos**, que significa "conhecimento", "estudo". Interessante notar que o termo grego **oikos** deu origem à palavra "economia".

Segundo Foster, o conceito de ecologia cunhado por Haeckel demorou a ser assimilado pela literatura darwiniana a qual Haeckel era um dos principais seguidores na Alemanha, só tendo entrado na moda no século XX.

O conceito original de Ecologia evoluiu para o presente no sentido de uma nova Ciência pautada na interdisciplinaridade que se dedica ao estudo das inter-relações entre os seres vivos e o ambiente, tenta compreender como funciona a natureza e seus ciclos e analisa os organismos em si (fisiologia, p ex.) e os fatores físicos que influem sobre suas relações.

A Ecologia é uma ciência empírica e não pode existir sem a nossa experiência sensorial e serve para que possamos descrever explicar e prever eventos no mundo em que vivemos. A Ecologia é uma ciência natural, assim como a biologia, a física e a química e trata da história da vida dos organismos e dos ambientes em que vivem. Daí sua complexidade e sua flexibilidade, pois é difícil estabelecer relações de causalidade em sistemas complexos. A Ecologia aproveita os conhecimentos de outras ciências (tais como a Física e a Química) e de outros ramos como a Botânica, Zoologia e Microbiologia e se constitui numa ciência de análise e síntese que exige um trabalho de equipe.

> A Ecologia é uma ciência muito complexa porque tem que explicar o papel de cada fator do meio desempenha sobre os seres vivos: quais as interações dos diversos seres vivos, uns com os outros, e, por fim, quais as interações dos inúmeros seres vivos com os inúmeros ambientes em que podem viver. (FERRI, 1993, p.22)

O movimento ecológico ganhou notoriedade por volta da metade do século XX. As primeiras organizações ecológicas surgiram no começo do século XX assim com os primeiros periódicos científicos a publicarem trabalhos neste campo. Em 1974, em Haia, aconteceu o primeiro Congresso Internacional de Ecologia. Interessante distinguir ecólogo de ecologista.

Ecólogo é o cientista que estuda a ecologia, já o ecologista designa a pessoa ou integrante de movimento (ou ONG) ou partido político que defende o meio ambiente. Foi a partir da década de

1970 que o termo Ecologia passou a ser conhecido do grande público.

Com o desenvolvimento da Ecologia prosperou formulações de novas ideias a respeito do lugar da espécie humana na Terra e inspirou a formulação de uma nova racionalidade ambiental, pauta em novos valores éticos.

O **Ecologista** é o sujeito que dentro ou fora de um movimento ambientalista luta em defesa do meio ambiente. É o defensor da natureza e não necessariamente um biólogo ou ecólogo.

Que existe um meio ambiente no sentido que damos à expressão — no sentido de certa forma "ecológico", pois num sentido geral existe "meio ambiente", isto é, evidentemente sempre existiu o que está à volta de algo — não significa que por si só esse meio ambiente seja algo *destrutível.* (TREPL,1998, p.330)

Capítulo V
Meio Ambiente: Ecologismo ou ambientalismo?

A palavra **Ambiente** indica o lugar e é composta de dois vocábulos latinos: ambi (ao redor de) e ire (ir). *Ambire* quer dizer i*r à volta*. Daí ambiente quer dizer "é tudo o que vai à volta", o que rodeia, o lugar, o recinto que envolve seres vivos ou as coisas.

O sociólogo Manuel Castells, assim definiu o ambientalismo: "formas de comportamento coletivo que em seus discursos como na prática, visam corrigir formas destrutivas de relacionamento entre o homem e seu ambiente natural, contrariando a lógica estrutural e institucional predominante" (CASTELLS, 2001, p143). Neste aspecto, o ambientalismo desempenha um papel de construtor de utopias. Distinguimos, portanto, ambiente de ecologia e ecologismo de ambientalismo.

É fato que a globalização colocou o problema do desafio ecológico como uma questão de sobrevivência da humanidade, transformando-a também em questão ideológica. Dá-se um fenômeno de "modernização" ecológica das empresas, dos governos, enfim dos setores da economia e da sociedade. Procura-se criar um conjunto de normas, valores e regras "sustentáveis" eliminando lentamente a angústia e a ansiedade do homem diante de um processo de degradação total da natureza.

Biodiversidade
Biodiversidade ou diversidade biológica é o conjunto da vida

(plantas, animais, organismos microscópicos e seus genes) da bactéria às baleias tudo é biodiversidade.

A biodiversidade - tema introduzido na metade dos anos 80 do século passado - é a variedade de espécies animais, vegetais e microrganismos de um lugar em particular ou da Terra no seu conjunto, portanto, é a variabilidade de organismos vivos de todos os tipos, em qualquer ecossistemas.

Na Convenção da Diversidade Biológica (CDB), um dos principais resultados da Conferência das Nações Unidas para o Meio Ambiente e o Desenvolvimento - CNUMAD realizada no Rio de Janeiro, em junho de 1992 foi popularizado o uso do termo definindo a biodiversidade ou diversidade biológica é como a "variabilidade entre organismos vivos de todas as origens [...]; compreende a diversidade dentro de cada espécie, entre espécies e dos ecossistemas".

A biodiversidade está distribuída heterogeneamente na Terra, com áreas de grande diversidade (os chamados "hot spots", como as florestas tropicais e os recifes de corais), outras com pouca diversidade (como os desertos e as regiões polares) e ainda outras, com alguma diversidade. Portanto, toda área prioritária para conservação, isto é, de alta biodiversidade e ameaçada no mais alto grau. Considera-se hot spot uma área com pelo menos 1.500 espécies endêmicas de plantas e que tenha perdido mais de 3/4 de sua vegetação original.

Dos 25 "hot spots" no mundo, apenas dois se encontram parcialmente na Europa: na bacia mediterrânea e no Cáucaso. O conceito hot spot foi criado em 1988 pelo ecólogo inglês Norman Myers.

O Brasil abriga a maior diversidade do mundo. O Brasil apresenta a maior área de florestas tropicais do mundo e provavelmente abriga a maior quantidade de espécies naturais que qualquer outro planeta. Infelizmente por falta de consciência e cuidado com o ambiente a biodiversidade está ameaçada. Cada espécie de ser vivo em harmonia ajuda no equilíbrio do meio ambiente e na proteção contra a extinção de espécie. A diminuição da biodiversidade está relacionada com vários fatores, entre eles, a poluição dos ecossistemas, a destruição dos habitats e a caça predatória e ilegal.

Para contribui com a manutenção da biodiversidade deveríamos entre outras tarefas diminuir o consumo e pratica o uso de energias alternativas que não esgotem e que não poluam.

Embora os ecossistemas possam ser extremamente estáveis, muitos são vulneráveis. O equilíbrio ecológico existe numa área climax, porém um vendaval violento ou uma erupção vulcânica podem destruir em questão de minutos, o equilibrio de séculos (WARD, 1973, p 78)

Capítulo VI

O conceito de ecossistema

Os ecossistemas são unidades nas quais se dividem a biosfera (termo cientifico que designa a parte da Terra onde se encontra os seres vivos).

A **biosfera** é constituída pelo conjunto dos seres vivos e dos elementos que não estão vivos (abióticos) A biosfera (a vida na Terra) está concentrada entre a atmosfera e a hidrosfera, embora seja possível encontrar seres vivos nos primeiros metros de profundidade da crosta terrestre. É na biosfera que se encontra o **Homem,** que compartilha sua existência com os demais seres vivos. Podemos dizer também que a biosfera é o espaço da Vida na Terra.

> Desde o início de sua existência, o Homem tem inovado —em formas sociais e em melhoramentos técnicos. Sua condição é viver na aspiração e na incerteza de onde se produz a interação da Biosfera (das coisas vivas) com a tecnosfera (de suas invenções) (WARD, 1973, p.38)

É na biosfera que ocorrem as complexas relações entre as diferentes espécies de seres vivos e entre ele o meio ambiente. É um espaço considerado como uma lâmina bastante estreita, de fina espessura. A biosfera é a reunião de todos os ecossistemas existentes na Terra.

A ciência que estuda essas relações chama **ecologia** e o espaço físico habitado pelas espécies e suas relações denominam-se **ecossistema.**

Ecossistema

O **ecossistema** é uma unidade funcional para base de estudos ecológicos, um conjunto formado por todos os seres vivos que vivem e interagem em um determinado lugar e pelas características físicas próprias desse lugar. Não existe um tamanho específico, ele pode tanto ser pequeno, medindo alguns cm^2 como milhares de km^2.

> Um ecossistema é, portanto, constituído por uma grande diversidade de espécies, em razão do seu tamanho, de suas características biológicas e de suas exigências ecológicas, de suas funções ecologias dentro do sistema (LÊVEQUE, 1999, p.65)

Um exemplo de ecossistema é a floresta e os maiores ecossistemas como as florestas tropicais e os desertos são chamados de biomas.

Ao entendermos um ecossistema como uma área específica da biosfera formada por comunidade de seres vivos que podem se dividir em produtores (vegetais), consumidores (herbívoros, carnívoros e onívoros) e decompositores (bactérias e fungos) que vivem num meio físico cujos elementos são o calor, a umidade, a luminosidade e a concentração de nutrientes, isto inclui as rochas e o subsolo, a superfície e o ar.

Damos o nome de biótipo (do grego: bios=vida e topos=lugar), o quadro espaço-temporal constituído pelo meio ambiente físico-químico, por exemplo: uma represa, um pasto, um jardim, uma floresta.

Denominados biota ou biocenose (do grego bios=vida e koinos=conjunto), o conjunto dos organismos vivos que estão associados a este biótipo.

> Cada biocenose tem seu biótipo específico. Tal biótipo, portanto, condiciona a biocenose que, por sua vez, influencia e modifica o biótipo. Assim, havendo alterações do biótipo há possibilidade de mudanças da biocenose: algumas espécies vegetais desaparecem, outras se introduzem. Como o desaparecimento de certas espécies de plantas, os animais delas dependentes também desaparecem. Enquanto isso, novas espécies vegetais introduzidas na biocenose possibilitam a chegada de espécies animais que não existiam antes. (FERRI, 1993, p.79)

Um ecossistema contém vários habitats. Um habitat é um lugar com determinadas características, no qual se desenvolve a vida de uma espécie animal ou vegetal. Uma floresta é um exemplo de um ecossistema que abriga muitas espécies animais e vegetais. Os maiores ecossistemas, como as florestas tropicais e os desertos, são chamados de biomas.

O ser humano precisa da conscientização ambiental para ser responsável por seus atos e ter o discernimento entre o que é ou não é aceitável fazer, pois um único elemento num ecossistema pode ser altamente prejudicial para o sistema como um todo. É na Terra que o homem vive e é dela que retira os elementos essenciais e necessários para a sua sobrevivência. O homem se utiliza dos recursos naturais para construir suas residências e extrair seus alimentos. É salutar, que o homem utilize estes recursos naturais de forma cuidadosa, responsável e não abusiva.

São recursos naturais considerados renováveis aqueles que são formados dentro de um curto espaço de tempo ou que podem ser reaproveitados tais como madeira, alimentos, ferro, celulose. Mas não podemos nos iludir: estes recursos podem demorar muito tempo para serem produzidos.

Temos também os recursos não renováveis que podem se repor num curto espaço de tempo, tais como os combustíveis fósseis (petróleo, carvão e gás) e os minerais. São recursos limitados e com grande possibilidade de serem extintos.

> O Homem difere das outras espécies pelo seu enorme poder de alterar os ecossistemas, no sentido de torná-lo pior ou melhor para ele mesmo. Quando polui os rios com dejetos humanos e resíduos industriais, transformando-os em rios mortos; quando polui a atmosfera com efluentes tóxicos, ácido, alcalinos ou, ainda com materiais particulados; quando devasta florestas de Araucária, no Sul do país, ou florestas tropicais pluviais como Serra do Mar ou na Amazônia, o homem está alterando os ecossistemas no sentido de piorá-los para a Humanidade. (FERRI, 1993, p.28)

Os Biomas brasileiros

Capítulo VI - Do Meio Ambiente da Constituição brasileira

§ 4º - A Floresta Amazônica brasileira, a Mata Atlântica, a Serra do Mar, o Pantanal Mato-Grossense e a Zona Costeira são patrimônio nacional, e sua utilização far-se-á, na forma da lei, dentro de condições que assegurem a preservação do meio ambiente, inclusive quanto ao uso dos recursos naturais.

Biomas

Bioma é o nome dado a uma comunidade biológica muito extensa, caracterizada por um tipo bem definido de vegetação que é determinado pelo clima, ou seja, fauna e flora e suas interações entre si e com o ambiente físico: solo, água e ar, portanto, formado por todos os seres vivos de uma determinada região.

No Brasil existem sete biomas: Amazônia, Cerrado, Mata Atlântica, Caatinga, Pantanal, Campos Sulinos ou Pampas e Ecossistemas Costeiros, portanto, além da floresta amazônica, o Brasil também possui outros biomas de extrema importância. Biomas de certa forma desconhecidos de inúmeros brasileiros e fora das manchetes dos jornais e do olhar estrangeiro.

Biomas Continentais Brasileiros	Área Aproximada (km²)	Área / Total Brasil
Bioma AMAZÔNIA	4.196.943	49,29%
Bioma CERRADO	2.036.448	23,92%
Bioma MATA ATLÂNTICA	1.110.182	13,04%
Bioma CAATINGA	844.453	9,92%
Bioma PAMPA	176.496	2,07%
Bioma PANTANAL	150.355	1,76%
Área Total Brasil	8.514.877	

Fonte: http://www.ibge.com.br/home/presidencia

Amazônia

Considerada a maior floresta tropical do mundo, as florestas tropicais situam-se entre os trópicos de Câncer e de Capricórnio. A Amazônia brasileira é um bem natural de grandes proporções, na realidade é um tesouro incomensurável composto de um complexo sistema de água, floresta, alta biodiversidade e valor simbólico. Seu bioma é definido pelo clima equatorial quente e úmido, com chuvas torrenciais e floresta fechada. E representa cerca de 30% das floretas tropicais remanescentes do mundo. Reúne mais de 40 mil espécies de plantas, 300 de mamíferos, 1,3 mil de aves e mais de 400 de anfíbios.

A Amazônia brasileira é um bem natural de proporções gigantescas, na realidade um tesouro incomensurável composto de um complexo sistema de água, floresta, alta biodiversidade e valor simbólico (que quase sempre é mitificado). Um patrimônio ecológico e econômico da humanidade, onde tudo é gigantesco: as belezas naturais, as riquezas, mas também os problemas e os desafios. É uma região que ocupa uma área de 5,2 milhões de km², correspondente a 61% do território nacional, um território maior que a Europa e que comporta a maior bacia hidrográfica da Terra. A floresta amazônica representa 30% das florestas tropicais do mundo.

A Amazônia Legal, em termos administrativos, engloba os estados do Acre, Amapá, Amazonas, Pará, Rondônia, Roraima, além de partes do Maranhão, Mato Grosso e Tocantins numa área de cinco milhões de quilômetros quadrados. Só a Amazônia brasileira é sete vezes maior que a França e corresponde a 32 países da Europa Ocidental. A ilha de Marajó, que fica na embocadura do rio, é maior que alguns países como a Suíça, a Holanda ou a Bélgica.

A Amazônia é uma região rica, complexa e heterogênea podendo, consequentemente, levar a enfoques simplistas e perigosos. Constitui-se num patrimônio ecológico e econômico da humanidade, onde tudo é gigantesco: tanto as belezas naturais e as riquezas, mas também os problemas e os desafios que tem que enfrentar.

> Considerada como uma das principais questões socioambientais do mundo contemporâneo, a Amazônia gesta inúmeras especulações em escala planetária (....). Desempenha também importante papel nas estabilidades mecânicas, termodinâmica e química dos processos atmosféricos em escala global. (FREITAS, 2004, p. 22)

A região é verdadeiramente uma terra de contrastes, na Amazônia nada é simples, sua descrição se faz por via de dados superlativos.

> Embora 16% da sua cobertura vegetal tenham sido modificados, observada do ângulo de seus recursos naturais a região lembra um paraíso. Pelas calhas dos rios de sua bacia hidrográfica fluem 20% da água potável do planeta. Sua floresta representa 40% de todas as floretas tropicais e abriga 10% de todas as espécies vivas do mundo. O cenário se altera, no entanto, quando se leva em conta a situação social dos cerca de 21 milhões de brasileiros que vivem na região. De cada dez crianças amazônicas, por exemplo, sete são afetadas pelo nanismo, duas por atrofia nutricional e quatro por anemia. (Amazônia: *O nosso desafio no mundo global*. Revista Reportagem. São Paulo. Ano IV. N° 40. janeiro de 2003)

A Amazônia também sofre o impacto da exploração mineral por empresas organizadas ou não. A partir da década de 1980, a região consolidou-se como uma área de reserva mineral com grandes empresas nacionais e estrangeiras explorando a riqueza mineral que inclui jazidas de importância mundial: minérios de ferro, alumínio, manganês, estanho, ouro e muitos outros minerais. A poluição por mercúrio das águas fluviais é uma realidade.

A Amazônia ainda é vista na ótica do capitalismo nacional como uma área, ou um patrimônio, onde tudo pode ser explorado, uma grande fronteira para o desenvolvimento agrícola e industrial, "em todos os discursos oficiais, a Amazônia foi vista como 'espaço vazio', território a ser conquistado" afirma Becker (1996, p197).

O geógrafo Milton Santos em entrevista concedida em 1999 destaca que a Amazônia é muito diferente nos anos de 1920, 1960 ou 1990 em função do uso efetivo, potencial, ou imaginado desse pedaço de natureza.

> Então, ao mesmo tempo que os agravos à natureza se ampliaram, é também verdade que não posso interpretá-los fora do quadro da universalidade hoje dado pela globalização.
>
> Esse é o problema central que eu gostaria que perturbasse um pouco o trabalho dos ecologistas, que nem sempre estão abertos à essa discussão.
>
> Eles se tornam muito naturalistas, frente a um dado cujo entendimento é apenas possível a partir da história (SANTOS, 1999, p.37).

A contemporaneidade amazônica expressa o conflituoso processo de transformações do sistema capitalista mundial que esbarrou no esgotamento do paradigma nacional desenvolvimentista e no esgotamento do paradigma da economia de fronteira vendo-se diante da necessidade emergente de um novo modelo, o desenvolvimento sustentável, cujo conteúdo discutiremos posteriormente.

O caráter predatório do capitalismo no Brasil leva a uma exploração destrutiva da Amazônia, mas pode haver uma exploração capitalista da região, que não seja predatória, que não provoque danos ao ambiente? Pode a sustentabilidade, ou o chamado desenvolvimento sustentável, nos moldes em que é aplicado hoje dar-se sem provocar degradação?

Porém, o mercado global que precisa de outros espaços territoriais para continuar seu crescimento, começa a ter seus olhos voltados para a Amazônia com uma estratégia dirigida ao "impedimento" do desmatamento, no reforço do chamado "consumo verde" e na "vocação florestal".

Segundo a revista *Reportagem* tem havido um esforço nos meios científico, governamental e empresarial para calcular quanto vale a floresta,

> levando em conta a reserva de material genético, o estoque de carbono armazenado na biomassa das árvores e os serviços ambientais que podem ser prestados pela Amazônia, como a manutenção do ciclo das chuvas em outras (Amazônia: O nosso desafio global. Revista reportagem. São Paulo. Ano IV. N. 40, janeiro de 2003)

Este esforço faz parte do processo de uma nova intervenção pública na área ambiental, de uma articulação entre o público, o privado e o "terceiro setor" para transformar a questão ambiental, ou a causa ecológica numa causa integrante do 'establishment'.

Como podemos constatar, a polêmica relativa a esta complexidade é suficiente para mobilizar inúmeras linhas de pesquisa, que vão desde as ciências biológicas e naturais até as ciências sociais e políticas, que envolvem a geopolítica e as relações internacionais.

O debate sobre a Amazônia possui a marca do preconceito, do escamoteio e da manipulação oriunda de diversos interesses socioeconômicos. A cobiça nacional e internacional, a miséria e a pobreza, a questão indígena, a garimpagem, a ausência de educação elementar, a reorganização do espaço com a instalação de empreendimentos de exploração mineral, agropecuária e hidrelétrica mostram um drama amazônico que via de regra só aparece na mídia como catástrofe. A região tem sido retratada através da mídia mediante o uso de expressões como "patrimônio da humanidade", "pulmão do mundo", "eldorado", "soberania nacional", "fronteira agrícola", "civilização da biomassa", "paraíso tropical" etc. Estas expressões frequentemente são carregadas de conteúdo especulativo, de falsas interpretações e eivadas de fantasias. É a Amazônia fabulosa e mítica.

Cerrado

> No cerrado, é a monocultura da soja que está desenhando os contornos de uma tragédia ecológica ainda não consumada (LEROY, 2001, p.332)

Os campos são zonas da Terra onde a chuva é irregular e escassa e, portanto não suficiente para possibilitar um bom desenvolvimento de árvores. Predomina os pastos abundantes. O cerrado sempre renasce da própria cinza.

O Cerrado, que pode ser considerado uma savana tropical, está espalhado por 11 estados (MA, PI, TO, BA, MG, MT, PR, MS, SP, RO, GO e Distrito Federal) é o segundo maior bioma do Brasil e também uma das savanas mais ricas do mundo, ocupando 2 milhões de km².

O cerrado caracteriza-se por duas diferentes paisagens com variados tipos de vegetação, solo, clima e topografia. É conhecida como floresta de cabeça para baixo, porque suas raízes costumam ser maiores do que suas copas. Estas raízes podem atingir até 20 metros de profundidade em resposta evolutiva ao fogo e a seca. Nas suas chapadas estão nascentes dos principais rios e ao longo destes rios há formações florestais, as florestas de galeria ou matas ciliares, que auxiliam na manutenção do equilíbrio dos sistemas hídricos. O solo do Cerrado é ácido e de baixa fertilidade.

A ocupação do cerrado a partir da década de 1960 levou embora boa parte do bioma sem que se conhecesse sua biodiversidade. O desmatamento já é o dobro da taxa amazônica provocada recentemente pela expansão da cana-de-açúcar. É uma região gravemente ameaçada pela monocultura de grãos (soja) e pela pecuária extensiva.

O Cerrado abriga várias frutas deliciosas avaliadas como potencial alimento funcional, frutos nativos como murici, cagaita, pequi, guapeva, gabiroba e lobeira.

Habitam animais como a capivara, o guará, o tamanduá e a anta.

Caatinga

Nem tudo é aridez!

> *Mandacaru quando fulora na seca*
> *É sinal que a chuva chega no Sertão*
> *(O Xote das meninas – Luiz Gonzaga)*

É por muitos considerado o único ecossistema inteiramente brasileiro e o menos protegido. É uma região de clima semiárido e solo raso e pedregoso e considerada a maior biodiversidade entre as regiões de semiárido no mundo com uma vegetação resistente à falta de água. Ocupa uma área original de 734 mil km², ou seja, quase 10% do território brasileiro, com 142 espécies de mamíferos, 510 espécies de aves e 239 espécies de peixes. Abrange os estados do Ceará, Rio Grande do Norte, Paraíba, Pernambuco, Sergipe, Alagoas, Bahia sul e leste do Piauí e norte de Minas Gerais. O termo Caatinga é originário do tupi-guarani e significa mata branca.

Porém, nem tudo é aridez, existe oásis, ilhas de umidade e solos férteis, os chamados brejos, local em que a paisagem muda completamente. . Nessas ilhas é possível produzir quase todos os alimentos e frutas peculiares aos trópicos do mundo. Essas áreas normalmente localizam-se próximas às serras, onde a abundância de chuvas é maior.

Na caatinga nordestina, os recursos públicos, que sempre afluíram à região e que poderiam ter sido dirigidos para reorientar o modelo agrícola num ambiente especialmente frágil, voltaram-se sempre para ludibriar o clientelismo político e a indústria da seca (LEROY, 2001:332)

A Caatinga apresenta três estratos: arbóreo (8 a 12 metros), arbustivo (2 a 5 metros) e o herbáceo (abaixo de 2 metros). A vegetação adaptou-se ao clima seco para se proteger. As folhas, por exemplo, são finas ou inexistentes. Algumas plantas armazenam água, como os cactos, outras se caracterizam por terem raízes praticamente na superfície do solo para absorver o máximo da chuva. Algumas das espécies mais comuns da região são a amburana, aroeira, umbu, baraúna, maniçoba, macambira, mandacaru e juazeiro.

Apesar da aridez, a Caatinga nos surpreende com os brejos ou as suas "ilhas de umidade" e solos férteis que quebram a monotonia das condições físicas e geológicas dos sertões.

Os rios regionais saem das bordas das chapadas, percorrem extensas depressões entre os planaltos quentes e secos e acabam chegando ao mar, ou engrossando as águas do São Francisco e do Parnaíba. Das cabeceiras até as proximidades do mar, os rios com nascente na região permanecem secos por cinco a sete meses do ano. Apenas o canal principal do São Francisco mantém seu fluxo através dos sertões, com águas trazidas de outras regiões climáticas e hídricas.

No início do ano, quando chove, a paisagem muda depressa e as árvores cobrem-se de folhas. O solo fica forrado de pequenas plantas. Na Caatinga vive a ararinha-azul, ameaçada de extinção cujo último exemplar da espécie vivendo na natureza não foi mais visto desde o final de 2000. Outros animais da região são o sapo-cururu, asa-branca, cotia, gambá, preá, veado-catingueiro, tatu-peba e o sagui-do-nordeste, entre outros.

Estima-se que cerca de 20 milhões de brasileiros vivem na região coberta pela Caatinga, em quase 800 mil km² de área. É um bioma único, pois apesar de estar localizado em área de clima semiárido, apresenta grande variedade de paisagens, relativa riqueza biológica e endemismo. A ocorrência de secas estacionais e periódicas estabelece regimes intermitentes aos rios e deixa a vegetação sem folhas. A folhagem das plantas volta a brotar e fica verde nos curtos períodos de chuvas.

A Caatinga é dominada por tipos de vegetação com características xerofíticas – formações vegetais secas, que compõem uma paisagem cálida e espinhosa – com estratos compostos por gramíneas, arbustos e árvores de porte baixo ou médio (3 a 7 metros de altura), caducifólias (folhas que caem), com grande quantidade de plantas espinhosas (exemplo: leguminosas), entremeadas de outras espécies como as cactáceas e as bromeliáceas.

Levantamentos sobre a fauna do domínio da Caatinga revelam a existência de 40 espécies de lagartos, 45 espécies de serpentes, quatro de quelônios.

A Caatinga tem sido ocupada desde os tempos do Brasil-Colônia com o regime de sesmarias e sistema de capitanias hereditárias, por meio de doações de terras, criando-se condições para a concentração fundiária. De acordo com o IBGE, 27 milhões de pessoas vivem atualmente no polígono das secas. A extração de madeira, a monocultura da cana-de-açúcar e a pecuária nas grandes propriedades (latifúndios) deram origem à exploração econômica. Na região da Caatinga, ainda é praticada a agricultura de sequeiro.

Os ecossistemas do bioma Caatinga encontram-se bastante alterados, com a substituição de espécies vegetais nativas por cultivos e pastagens. O desmatamento e as queimadas são ainda práticas comuns no preparo da terra para a agropecuária que, além de destruir a cobertura vegetal, prejudica a manutenção de populações da fauna silvestre, a qualidade da água, e o equilíbrio do clima e do solo.

Pantanal

> *"No Pantanal ninguém pode passar a régua. Sobremuito*
>
> *quando chove. A régua é existidura de limite. E o Pantanal*
>
> *não tem limites"*
>
> *Manoel de Barros, em Livro de Pré-Coisas..*

As palavras do principal poeta da região, Manoel de Barros, são ilustrativas de uma área frágil que vive em perfeita harmonia. É um ecossistema delicado e complexo. A região do pantanal é uma área de contato com os três maiores biomas brasileiros Mata Atlântica, Amazônia e Cerrado e se constitui na maior planície inundável do mundo, com seus 210 mil km2, cerca de 3,5 mil espécies de plantas, 124 espécies de mamíferos, 463 espécies de aves e 325 espécies de peixes. É considerado por muitos ecologistas como uma formação única, inigualável, por seu complexo sistema hídrico e a consequente adaptação da fauna e da flora ali existentes. Sua superfície equivale a área de quatro países como a Holanda, Bélgica, Portugal e Suíça.

O Pantanal é considerado a maior área alagável do mundo, que abrange parte dos Estados do Mato Grosso e Mato Grosso do Sul e sua harmonia depende da variação constante do nível das águas. A vida e a economia da região depende dos humores do ciclo das águas das suas inundações e de suas secas. O período das inundações ou cheias se iniciam em janeiro e atingem seu ponto máximo entre maio e junho e o período das secas, entre junho e outubro. São ciclos que transformam drasticamente a paisagem.

Em comparação com outros biomas brasileiros, o pantanal é ainda o mais conservado, apesar de ter uma variedade de espécies menor do que a Mata Atlântica ou a Amazônia. Cerca de 95% das terras pertencem a particulares. Porém uma série de fatores está acelerando a sua degradação como a alteração no perfil produtivos dos pecuaristas, a expansão das carvoarias para alimentar as siderúrgicas e o desmatamento das cabeceiras dos rios que alimentam o Pantanal. O garimpo também provoca impacto assim como a construção de hidrelétricas e a prática de turismo insustentável.

O Pantanal - uma das regiões com maior concentração de vida silvestre, as aves são um atrativo. A estrela é o tuiuiú. Só de aves, o Pantanal tem mais de seiscentas e cinquenta espécies (mais do que na América do Norte). Ameaçadas de extinção, a arara azul (araraúna) se sobressai por sua beleza e tamanho (quase um metro da ponta do bico à cauda). As araras azuis, foco dos traficantes de animais, são encontradas num único tipo de árvore, o manduvi.

No Pantanal encontramos mamíferos, como o Lobinho ou Cachorro do Mato (bicho bem desconfiado) e répteis, como o Jacaré. Os jacarés funcionam como predadores e reguladores das espécies de peixes. Mas por ser uma área de transição entre biomas, o Pantanal não registra endemismo pra esses grupos.

Significa que não há ocorrência de espécies exclusivas deste ambiente. A exceção fica por conta dos peixes. Existem pelo menos quinze espécies endêmicas.

Bandos de capivaras, o maior roedor do mundo, podem ser observados ao lado de cervos do Pantanal.

A organização *Conservação Internacional* em *Estudo da Conservação Internacional sobre o desmatamento na Bacia do Alto Paraguai*, em estudo realizado em 2006, alerta para o risco de desaparecimento da vegetação original do Pantanal nos próximos 45 anos.

Mata Atlântica

> No começo do século XVI, quando os europeus chegaram pela primeira vez no nosso território, o tamanho da massa verde que cobria o litoral do nordeste ao sul do país, podendo penetrar de cem a quinhentos quilômetros no interior, devia estar em torno de 130 milhões de hectares. (PADUAS, 2004, p. 15)

A Mata Atlântica ocupava originalmente, na época da chegada dos portugueses, 1,3 milhão de km2 do território brasileiro, mas atualmente apenas 7% dessa área continua coberta pela mata original. É uma floresta tropical úmida e densa e considerada um dos ambientes naturais com mais biodiversidade do mundo e que está reduzida a pequenos fragmentos formados principalmente de mata secundária. É grande a variedade genética dentro das espécies, dos nichos ecológicos e habitas ocupado.

A história da devastação da Mata Atlântica é rica para compreendermos o que se passa atualmente com outro bioma brasileiro, a Amazônia. Desde o período colonial a defesa das florestas era considerada por intelectuais e políticos como a tarefa do estado que de sua parte deveria protegê-las contra os interesses particulares dos lavradores que não queriam cultivar sem destruir, praticando uma agricultura baseada na derrubada de "matas grossas". Já previa-se que o corte e a queima indiscriminada de área traria consequências nefastas para o que hoje denominamos biodiversidade.

Em 1991, a Unesco reconheceu a Mata Atlântica como Reserva da Biosfera. Encontra-se na Mata Atlântica muitas espécies que correm o risco de extinção como o mico-leão-de-cara-preta, o mono carvoeiro, o bugio e o sagui-de-cara-branca e mais a preguiça-de-coleira, o ouriço-preto e a onça-pintada.

Campos Sulinos ou Pampa

Estendem-se por uma área com mais de 200 mil km2, entre os estados de Santa Catarina e Rio Grande do Sul.

Trata-se de uma estepe úmida, com uma composição vegetal uniforme, onde o campo limpo é destituído de árvores e tem arbustos espalhados e dispersos em meio a um imenso tapete de gramíneas e leguminosas nativas. O pampa é composto na sua maioria por campos naturais férteis, muitas plantas, animais e uma biodiversidade associada tão rica quanto uma floresta tropical. Está sobre o maior manancial de água doce subterrânea do mundo, o Aquífero Guarani, reserva estratégica do Mercosul.

Do pampa também nasce rios importantes para o abastecimento como os rios Pelotas, Santa Maria e Ibiau. A destruição natural dos biomas deu-se pelo avanço da criação do gado e das plantações de arroz e soja, efeitos da ação do homem que contribuíram para a sua degradação.

Toda essa diversidade corre o risco de acabar. Empresas transnacionais estão implantando nos Pampas grandes plantações de árvores exóticas, como eucaliptos, acácia e pinus. Estima-se que em uma década, mais de 1 milhão de hectares de terras gaúchas, em sua maior parte formadas por campos, estarão convertidas em monoculturas de árvores exóticas! Tudo isto com a diminuição do número de empregos nessas terras ocupadas, para que grandes empresas lucrem muito.

Cientistas afirmam que se não fosse o gado, haveria mais floresta e menos campo no território gaúcho. Na década de 90, pesquisadores afirmavam que o "pampa é uma das raras paisagens do Planeta em que a exploração humana se encontra em relativa harmonia com o ecossistema". Mas a situação vem mudando. A conservação do bioma está ameaçada em função das atividades agrícolas, como o plantio da soja.

As alterações climáticas também ameaçam a conservação da Biodiversidade no Pampa.

Ecossistemas Costeiros

A zona costeira brasileira tem mais de 8 mil km de extensão continua, 200 milhas náuticas de largura e é uma das maiores do mundo com suas praias, dunas, costões rochosos, recifes e manguesais que se sucedem ao longo da faixa litorânea. Cada um destes ecossistemas apresenta características específicas, entre eles destacam-se os manguezais, que são locais de criação para inúmeras espécies de animais marinhos.

Apenas 0,44% dos ecossistemas costeiros estão guardados por unidades de conservação.

Os mangues

Os manguesais se constituem num ecossistema frágil e totalmente ameaçado. São extensas faixas que margeiam as costas do norte ao sul, estima-se que ocupem uma área entre 10 mil e 25 mil quilômetros quadrados. Os mangues são a base da cadeia alimentar dos oceanos.

São zonas de transição entre os ambientes terrestres e o marinho. São muito mais que simples mangues. Os manguesais funcionam como filtro biológico que retém as partículas e as impurezas em suspensão na água.

As agressões a este ecossistema tem provocado a redução do número de aves e dos caranguejos. Essas áreas sofrem com a ocupação desordenada poluição ambiental, urbana e dos esgotos urbanos, lixões ou aterros.

Capítulo VII

A ecologia urbana

A ecologia urbana é um ramo da Ecologia que estuda as sociedades urbanas a partir da perspectiva científica.

Na natureza podemos distinguir dois tipos de paisagens as duas bem diferenciadas: a paisagem que não sofreu a ação do ser humano e a paisagem em que podemos perceber a intervenção humana. A influência humana nas alterações ambientais são produzidas por ações como o desmatamento, erosão, alterações climáticas, poluição hídrica, atmosférica e do solo. O domínio humano no ecossistema provoca modificações na paisagem e perda da biodiversidade.

Homem versus meio ambiente

O homem contemporâneo está lutando contra o meio ambiente. Suas atitudes em relação à natureza têm efeitos negativos sobre ele próprio. Transformar o relacionamento entre o homem e o meio ambiente é o caminho para se criar mecanismos de proteção aos recursos naturais, para que o amanhã se torne propício a todos os elementos que integram o planeta Terra. É fundamental proteger os ambientes naturais e controlar a poluição. Por isso o conhecimento e a reflexão sobre essas questões são indispensáveis na formação do cidadão.

Algumas medidas que todos devem ter com relação ao meio ambiente:

. reduzir desperdícios;

- evitar o consumo desnecessário de energia elétrica;

- reciclar o lixo;

- reduzir o consumo de água, evitando vazamentos;

- não jogar lixo nas ruas;

- não criar animais silvestres em casa;

- conservar praias, parques, rios e mares.

O resgate de valores humanos, como respeito à vida e a responsabilidade para com ela, se consolida pelo aprendizado e pelo comprometimento pessoal.

É preciso desenvolver a consciência ecológica e promover a preservação do meio ambiente por meio de ações transformadoras criteriosas e harmônicas.

O desmatamento

O desmatamento se constitui na retirada de grandes extensões de florestas e matas com o objetivo de obter lenha para ser usada como combustível (metade das árvores cortadas no mundo é usada como combustível) ou madeira para a construção além de abrir espaço para a criação de gado e para a agricultura.

O desmatamento provoca a erosão do solo e a perda de sua cobertura vegetal. O solo empobrece. A falta da vegetação implica na extinção de animais do ecossistema.

As consequências do desmatamento implica na diminuição da biodiversidade; na diminuição da produção de oxigênio favorecendo a erosão do solo a formação de desertos e o efeito estufa. O desmatamento é o um dos fatores responsáveis pelas mudanças climáticas mais difícil de ser controlado. Apesar de inúmeros protestos, da mídia e das organizações ambientalistas as florestas continuam sendo destruídas num ritmo alucinante.

Desmatamento das florestas e a ação de madeireiras

Usa-se o termo desflorestação ou desflorestamento para denominar este processo de desaparecimento de florestas fundamentalmente causada pela atividade humana sobre a natureza. O desmatamento consiste na retirada da cobertura vegetal em determinada área para utilização comercial da madeira e/ou para a implantação de projetos agropecuários e também na expansão urbana ou em casos especiais, na implantação de grandes projetos (hidrelétricas, por exemplo). O desmatamento pode ser praticado de várias formas, tais como a prática de corte manual; o uso de motosserras e tratores, com a prática da capina e de queimadas.

O desmatamento condena as populações que dependem da floresta para a sua subsistência. Atinge um patrimônio genético que poderia ser usado para originar novos tipos de remédios e alimentos; empobrece os solos tropicais, que se tornam inférteis, degradados, podendo ocorrer a desertificação, ameaça extinguir dezenas de espécies, ou provocar a poluição dos recursos hídricos e da atmosfera.

O desmatamento na Amazônia, por exemplo, ocorre diante de uma lógica privada de ocupação da Amazônia e que estimula a adoção da prática agropecuária. As causas do desmatamento na região são múltiplas, a realidade é complexa e envolve vários atores sociais e diversos interesses.

Estudos do ISA - Instituto Socioambiental e do Fórum Brasileiro de ONGs demonstraram a relação entre a expansão da área cultivada de soja e o desmatamento de florestas "virgens", principalmente na região do médio e norte do Mato Grosso. Segundo o estudo, a soja também tem uma relação indireta com o desmatamento, ao substituir áreas que antes estavam com a pecuária. A soja passa, então, a "empurrar" a criação de gado para as fronteiras agrícolas, aumentando ainda mais a devastação de áreas conhecidas como "virgens".

Entretanto, o Ipea - Instituto de Pesquisas Econômicas Aplicadas, em outro estudo, afirma que não há vinculo entre o desmatamento e a expansão da soja. O Ipea mostra que o crescimento da área plantada de soja teve uma explosão nos últimos três anos agrícolas (2001/2002, 2002/2003 e 2003/2004), com expansão média anual de 13,8%, mas não chegou a "invadir" a Amazônia.

Esse percentual significa dizer que essa expansão foi quatro vezes superior à média de 3,6% registrada nos 10 anos anteriores.

Referências Bibliográficas

BECKER, Bertha K. *Significado geopolítico da Amazônia. Elementos para uma estratégia.* In Uma estratégia latino-americana para a Amazônia, PAVAN, Clodoaldo; Brasiléia: MMAambiente, São Paulo: Memorial, 1996

CARVALHO, Isabel Cristina Moura. *Os sentidos de "ambiental": a contribuição da hermenêutica à pedagogia da complexidade.* In A Complexidade Ambiental, LEFT, Henrique. São Paulo: Cortez, 2003.

DIAS, Genebaldo Freire. *Educação Ambiental. Principio e Práticas.* 9 edição, Gaia, São Paulo, 2004.

DUPAS, Gilberto. O mito do progresso; ou o progresso como ideologia. São Paulo: Editora Unesp, 2006.

_____,_____. O impasse ambiental e a lógica do capital in Meio Ambiente e crescimento econômico: tensões estruturais. Org. Gilberto Dupas, São Paulo: Editora Unesp, 2008.

LÉVÊQUE, Cristian. A Biodiversidade. Bauru/SP: EDUSC, 1999.

LIEBMAN, Hans. *Terra, um planeta inabitável? Da antiguidade até os nossos dias, toda a trajetória poluidora da Humanidade.* Melhoramentos. Edusp, 1976.

FERRI, Mário Guimarães. Ecologia e Poluição, 6.ed. São Paulo: Melhoramentos, 1993.

FOLADORI, Guillermo. *Limites do desenvolvimento sustentável,* Campinas, SP: Editora da Unicamp, São Paulo: Imprensa Oficial, 2001.

JACOBI, Pedro. Cidade e meio ambiente – percepções e práticas em São Paulo. 2 edição. São Paulo: Anablume, 2006.

MÉRICO, Luiz Fernando Krieger. Políticas Para a Sustentabilidade in. DINIZ, Nilo et. Al. (orgs.). O desafio da sustentabilidade socioambiental no Brasil. São Paulo: Fundação Perseu Abramo, 2001.

MILARÈ. Edis. *Tutela Jurisdicional do Ambiente*. Revista do Advogado. N. 37 setembro de 1992. Caasp. São Paulo

PADUA, José Augusto. *Defensores da Mata Atlântica no Brasil Colônia*. Revista Nossa História. Ano I, n. 6 p.13-20. abril de 2004

WARD, Bárbara, DUBOS, René. *Uma terra somente. A preservação de um pequeno planeta*. Edgard Blucher, Melhoramentos, Edusp, São Paulo, 1973.

FOSTER. John Bellamy. *A Ecologia de Marx: materialismo e natureza*. Rio de Janeiro: Civilização Brasileira. 2005.

LEFF, Enrique. *Saber Ambiental*. Petrópolis, RJ: Vozes, 2001.

LÊVEQUE, Christian. *A Biodiversidade*. Bauru, SP: Edusc, 1995.

LOUÇÃ. Francisco. *A Cultura numa perspectiva histórica*. Em Tempo (jornal). São Paulo: Edições ET, 2000.

LÖWY, Michael. *Corrente articula meio ambiente e socialismo*. Disponível em:

<http://www.democraciasocialista.org.br/ds/index.php?option=content&task=view&id=79&Itemid=46>. Acesso em 05/02/2006.

_____. *Ecologia e Socialismo*. Movimento (revista). nº 12, Porto Alegre, janeiro/fevereiro, 2006. Disponível em:

<http://www.revistamovimiento.com.br/espanol12/p6_9.pdf>. Acesso em 13/09/2006.

RIFKIN, Jeremy. *O século da biotecnologia*. São Paulo: Makron Books, 1999.

"O que ocorrer com a Terra recairá sobre os filhos da Terra. O homem não tramou o tecido da vida: ele é simplesmente um de seus fios. Tudo o que fizer ao tecido, fará a si mesmo..." Carta ao presidente americano/1855 – Chefe Seatle.

Foto Gilberto da Silva

Parte II – Educação Ambiental

Capítulo I

A cultura ambiental do homem ao longo da história

Há um contínuo desrespeito à Natureza que está intoxicada cada vez mais pelo uso de substâncias não biodegradáveis comprometedora do equilíbrio orgânico natural. Basta olhar para nossas águas e verificar a poluição causada pelos esgotos sanitários não tratados e pela ação irresponsável do homem.

Olhamos para o chão e observamos o solo contaminado por resíduos, miramos para o céu e sentimos o ar poluído por veículos e atividades industriais que vão destruindo nossos ecossistemas. E não paramos por aqui: o desmatamento, os incêndios criminosos, a caça predatória, a inundação de áreas para criação de usinas hidrelétricas e os assentamentos humanos não planejados são responsáveis pelo desaparecimento de várias espécies. Costumamos ficar contentes e apostar em tudo que significa construção. Mas os homens estão sempre ignorando a natureza e as relações humanas. Queremos vias e estradas para nossos carros, concretos para nossas vidas, nossas pontes e para margear nossos rios. Mas não pensamos nas consequências futuras. Globalizamos a natureza e junto com ela a degradação globalizante.

Somos cada vez mais vítimas do consumo descontrolado, da absorção de agrotóxicos e da contaminação por resíduos químicos que invadem nossas reservas tornando os recursos hídricos impróprios à saúde da população. O nosso desafio ambiental é grande!

A triste história da humanidade nos remete a uma série de ocorrências de impactos ambientais provocando a degradação do meio em que vivemos. Como já vimos anteriormente, fomos criados no chamamento de Francis Bacon (1501-1626) que entendia a natureza como "a prostituta de todos" fazendo um convite para todas as futuras gerações para "domesticar", "ajustar", "moldar" e "configurar" a natureza como pretexto para o homem tornar-se o senhor soberano e indiscutível do mundo.

Até o século XIX, compreendíamos a relação entre sociedade e a natureza vinculados ao processo capitalista que "considerava o homem e a natureza como polos excludentes, tendo subjacente a concepção de uma natureza objeto, fonte ilimitada de recursos à disposição do homem" (BERNARDES, FERREIRA, 2005, p.17)

Nós seres humanos, agimos como se o homem não fizesse parte da natureza e seguimos continuamente ameaçando e destruindo os recursos naturais.

> Isto sabemos: a terra não pertence ao homem; o homem pertence à terra. Isto sabemos: todas as coisas estão ligadas como o sangue que une a família. Há uma ligação em tudo. O que ocorrer com a terra recairá sobre os filhos da terra. O homem não tramou o tecido da vida; ele é simplesmente um de seus fios. Tudo que fizer ao tecido, fará a si mesmo. (Do texto mundialmente conhecido "Carta do Chefe Seatle" que foi publicado pela primeira vez em outubro de 1887)

Na verdade, ainda vivemos um período de incertezas e de desproteção social e ambiental onde a população está exposta aos riscos decorrentes das substâncias perigosas, da falta de saneamento básico, da poluição sonora e do ar. As populações vivem em moradias, nas encostas e em beiras de cursos d´água sujeitos a enchentes e com baixa qualidade de vida. Ainda somos frutos de uma geração que não nos ensinaram, seja nas escolas, seja em nossas casas ou na sociedade, que um dia poderíamos viver em regime de escassez. Ficamos reduzidos ao mito do consumo, sempre às custas da natureza.

Esta intervenção é histórica, "desde a Revolução Industrial, a atividade interventora e transformadora do homem em sua relação com a natureza vem transformando-se cada vez mais predatória" afirma Tozzoni-Reis (2004, p.3). O desenvolvimento econômico ampliou os impactos ambientais e os conflitos ecológicos levando à cabo os recursos naturais e deixando um rastro de desigualdades sociais.

Diante deste quadro, a Educação Ambiental surge para ajudar a enfrentar os enormes desafios colocados, colaborando no desenvolvimento de uma cidadania em busca da qualidade de vida.

Quem pretende safras para os próximos meses cultiva verduras; quem pretende safras para os próximos anos cultiva árvores; mas quem pretende safras para as próximas décadas cultiva homens. - Ditado chinês

Capítulo II

Histórico da Educação Ambiental no Brasil

Começamos pela década de 1960 que pode ser considerada uma década chave para o desenvolvimento da Educação Ambiental.

Em 1968, nasce o Conselho para Educação Ambiental, no Reino Unido. Neste mesmo ano, surge o Clube de Roma que em 1972, produz o relatório *"Os Limites do Crescimento Econômico"* que estudou ações para se obter no mundo um equilíbrio global como a redução do consumo tendo em vista determinadas prioridades sociais. O Clube de Roma foi criado por um grupo de empresários e executivos transnacionais (Fiat, IBM entre outras).

O relatório do Clube de Roma estabelece alguns modelos globais baseados nas técnicas de análises de sistemas e denuncia a busca incessante do crescimento da sociedade a qualquer custo e o aumento do consumo (DIAS, 2004). O documento foi um marco do debate sobre a questão ambiental.

A contaminação de peixes com mercúrio, ocorrida em 1951, na baía de Minamata no Japão é um dos primeiros casos onde a problemática dos rejeitos ganhou notoriedade iniciando o debate acerca dos limites da relação das sociedades e dos homens com a natureza.

Até a década de 70 não tínhamos políticas públicas voltadas para o meio ambiente no Brasil. A problemática relacionada com a degradação do meio ambiente começou a ser levantada nos meados da década de 60. Antes da década de 1960, as questões ambientais não eram prioridades nas políticas públicas, o que refletiu no atraso do estabelecimento de normas ambientais no país. Nos anos 1970, este assunto assume uma posição de maior destaque, passando a figurar como tema central na agenda dos intelectuais, nas instituições de ensino e no âmbito governamental. Antes dessa época, durante o processo de industrialização brasileira, os problemas ambientais se tornaram mais latentes, uma vez que o processo de substituição de importações, no qual o Brasil se baseou, privilegiou as indústrias mais poluentes, como a siderúrgica e a metalúrgica, e que demandam mais recursos naturais.

> É possível identificar três grandes momentos na história das políticas ambientais no Brasil: a) um primeiro período, de 1930 a 1971, marcado pela construção de uma base de regulação dos usos dos recursos naturais, b) um segundo período, de 1972 a 1987, em que a ação intervencionista do estado chega ao ápice, ao mesmo tempo em que aumenta a percepção de uma crise ecológica global, e c) um terceiro período, de 1988 aos dias atuais, marcado pelos processos de democratização e descentralização decisórias e pela disseminação da noção de desenvolvimento sustentável. (COELHO, CUNHA, 2005, p.46)

Sofrendo uma forte influência do informe *Os Limites do Crescimento*, divulgado em 1972, pelo Clube de Roma, foi criada em 1973, a Secretaria Especial do Meio Ambiente (SEMA). Bom também lembrar que em 1971 foi fundado o *Greenpeace*, considerado hoje uma das organizações ambientalista de maior visibilidade mundial.

No Brasil, até então, as atenções estavam voltadas apenas para a proteção de áreas naturais. Só existia no Brasil recursos específicos que regulamentavam a exploração dos recursos naturais, tais como: Código das Águas, Código Florestal (que versa sobre as matas nativas), Superintendência de Desenvolvimento de Pesca (SUDESPE), Defesa da Borracha entre outros.

No que tange a área educacional inicia-se os primeiros cursos nos programas de pós-graduação em Ecologia no Brasil, com o objetivo de implantar a Ecologia como disciplina. Ecologia de ecossistemas e Ecologia de populações polarizavam a disciplina principalmente nas décadas de 1960 e 1970.

Ainda em 1972, realiza-se a Conferência de Estocolmo, evento que colocou o meio ambiente no foco das preocupações do mundo. A denominada Conferência das Nações sobre o Ambiente Humano expressou seus principais resultados formais na Declaração sobre o Ambiente Humano ou Declaração de Estocolmo que manifesta a convicção de que "tanto as gerações presentes como as futuras, tenham reconhecidas como direito fundamental, a vida num ambiente sadio e não degradado e de que o homem é "ao mesmo tempo obra e construtor do meio ambiente". Um dos princípios da Declaração de Estocolmo expressa que "a educação ambiental é essencial" e estratégica para a solução dos problemas ambientais.

Neste mesmo ano, a ONU criou um organismo denominado Programa das Nações Unidas para o Meio Ambiente - PNUMA, sediado em Nairobi, no Quênia. O PNUMA é responsável por catalisar a ação internacional e nacional para a proteção do meio ambiente no contexto do desenvolvimento sustentável com a incumbência de prover lideranças e parcerias para cuidar do meio ambiente.

O Seminário de Belgrado (Iugoslávia) realizado em 1975 discutiu a necessidade do desenvolvimento de programas de educação ambiental em todos os países pertencentes à ONU.

Em 1977, na Conferência Intergovernamental de Educação Ambiental de Tbilisi, na Geórgia, definiram-se os objetivos, princípios, estratégias e recomendações da Educação Ambiental e o ensino formal foi indicado como um dos eixos fundamentais para conseguir atingi-los, destacando o treinamento de professores. Discutiu-se o desenvolvimento de materiais educativos, pesquisa de novos métodos e disseminação de informações sobre as questões ambientais. Nessa conferência definiu-se a Educação Ambiental como *"uma dimensão dada ao conteúdo e à prática da educação, orientada para a resolução dos problemas concretos do meio ambiente por intermédio de enfoques interdisciplinares e de uma participação ativa e responsável de cada indivíduo e da coletividade."* (Unesco, IBAMA,1997). Nesse sentido, a Declaração da Conferência Intergovernamental sobre Educação Ambiental de Tbilisi entendeu como função da Educação Ambiental criar consciência e compreensão dos problemas ambientais.

A Conferência de Tbilisi definiu como princípio de Educação Ambiental a ser desenvolvido nas escolas considerar o meio ambiente em sua totalidade tanto em seus aspectos natural e construído, como nos tecnológicos e sociais. A Conferência também tomou como princípio constituir um processo permanente e contínuo durante as fases do ensino formal, no qual os indivíduos e a comunidade formem consciência do seu meio e adquirem o conhecimento, os valores, as habilidades, as experiências e a determinação que os torna aptos a agir.

Segundo DIAS, a Conferência de Tbilisi

> constituiu-se em ponto de partida de um programa internacional de EA, contribuindo para precisar a natureza da EA, definindo seus objetivos e suas características, assim como as estratégias pertinentes no plano nacional e internacional. É considerado em nossos dias o evento decisivo para os rumos da EA em todo o mundo (DIAS, 2004, p.40)

Em 1979 é fundado na Alemanha, o Partido Verde, primeiro partido ambientalista do mundo.

Em 1980 é lançado o documento Estratégia de Conservação Mundial (Word Conservation Strategy) em que reconhece que a abordagem dos problemas ambientais requer um esforço em longo prazo.

> Em meados da década de 1980 a humanidade toma consciência da globalização do risco e degradação ambiental, que de fato já existia desde a década de 1950 em função da capacidade destrutiva das armas nucleares e do potencial de contaminação - do ar, água, solo e cadeias alimentares - por parte da indústria química e nuclear (VIOLA: 1998)

Em 1981 foi criada a lei n° 6938 que implementou a Política Nacional do Meio Ambiente, sancionada pelo presidente João Batista de Figueiredo, estabelecendo ações, objetivos e instrumentos. Os instrumentos explicitados são: estabelecimento dos padrões de qualidade ambiental; zoneamento ambiental; avaliação de impactos ambientais; licenciamento e revisão de atividades efetivas ou potencialmente poluidoras. É criado o Sistema de Licenciamento de Atividades Poluidoras (SLAP) e os estudos prévios de impacto ambiental.

Junto com a Política Nacional do Meio Ambiente foram criados o Sistema Nacional do Meio Ambiente (SISNAMA) e o Conselho Nacional do Meio Ambiente (CONAMA), dois importantes órgãos que foram os precursores na sistematização da política ambiental brasileira.

Em 1985, o parecer 819/85 do MEC reforça a necessidade da inclusão de conteúdos ecológicos ao longo do processo de formação do ensino de 1° e 2° graus, integrados a todas as áreas do conhecimento de forma sistematizada e progressiva, possibilitando a "formação da consciência ecológica do futuro cidadão".

Em 1987 o documento final do Congresso Internacional sobre Educação e Formação Relativas ao Meio-ambiente, *Estratégia Internacional de ação em matéria de educação e formação ambiental para o decênio de 90,* ressalta a importância da formação de recursos humanos nas áreas formais e não formais da EA e na inclusão da dimensão ambiental nos currículos de todos os níveis. O Congresso foi realizado em Moscou, Rússia, promovido pela UNESCO.

No Brasil, o Plenário do Conselho Federal de Educação aprovou por unanimidade, a conclusão da Câmara de Ensino a respeito do parecer 226/87 que considerava necessária a inclusão da Educação Ambiental dentre os conteúdos a serem explorados nas propostas curriculares das escolas de 1° e 2° graus, bem como sugeria a criação de Centros de Educação Ambiental. Em abril de 1987 é divulgado o relatório *Our Commom Future* (Nosso Futuro Comum) fruto da comissão da ONU reunida para discutir os principais problemas ambientais e do desenvolvimento do planeta. O documento resultante deste encontro também dá visibilidade a uma nova ideia de "desenvolvimento sustentável".

A partir de 1987, a divulgação do Relatório Brundtlandt (devido ao fato do encontro ser presidido pela primeira ministra da Noruega Gro Harlem Brundtland), também conhecido como *"Nosso futuro comum"*, defende a ideia do "desenvolvimento sustentável" indicando um ponto de inflexão no debate sobre os impactos do desenvolvimento. A natureza passa a ser vista como parte integrante de um sistema e que desenvolvimento sustentável significa atender as necessidades do presente sem comprometer a capacidade das gerações futuras de atenderem as suas e

> não só reforça as necessárias relações entre economia, tecnologia, sociedade e política, como chama a atenção para a necessidade do reforço de uma nova postura ética em relação à preservação do meio ambiente, caracterizada pelo desafio de uma responsabilidade tanto entre as gerações quanto entre os integrantes da sociedade dos nossos tempos. Na Rio 92, o Tratado de Educação Ambiental para Sociedades Sustentáveis e Responsabilidade Global coloca princípios e um plano de ação para educadores ambientais, estabelecendo uma relação entre as políticas públicas de educação ambiental e a sustentabilidade. Enfatizam-se os processos participativos na promoção do meio ambiente, voltados para a sua recuperação, conservação e melhoria, bem como para a melhoria da qualidade de vida. (JACOBI: 2003)

Ainda no final da década de 80, no Governo de José Sarney, foi criado o Instituto Nacional do Meio Ambiente e dos Recursos Naturais Renováveis (IBAMA) – com a extinção do IBDF (Instituto Brasileiro de Desenvolvimento Florestal) - com o objetivo de regulamentar e fiscalizar as atividades que possam ser lesivas ao meio ambiente. Criado em 22 de fevereiro de 1989, o Ibama trouxe o assunto da conservação ambiental para a pauta do dia através de ações integradas, o que antes não ocorria.

O ano de 1988 é o marco da Constituição da República Federativa do Brasil que dedicou o Capítulo VI ao Meio Ambiente e no Art. 225, Inciso VI, determina ao "... Poder Público, promover a Educação Ambiental em todos os níveis de ensino..."

> A Constituição de 1988 foi a primeira a tratar especificamente da questão ambiental. Contém um capítulo específico sobre o meio

> ambiente e nela se declarou como patrimônio nacional a Mata Atlântica, a Floresta Amazônica e o Pantanal. Instituiu novas bases de aplicação de multas, a obrigação de recuperação dos ambientes degradados e a lei para compensar (criação de *royalties*) à União, aos estados e aos municípios pela exploração de recursos naturais (hídricos, minerais e petrolíferos) (COELHO, CUNHA, 2005, p.53)

É realizado o Primeiro Congresso Brasileiro de Educação Ambiental no Rio Grande do Sul e o Primeiro Fórum de Educação Ambiental promovido pela CECAE/USP, que mais tarde foi assumido pela Rede Brasileira de Educação Ambiental.

A ONU declara 1990 como o Ano Internacional do Meio Ambiente. A Declaração Mundial sobre Educação para Todos: Satisfação das Necessidades Básicas de Aprendizagem, aprovada na Conferência Mundial sobre Educação para Todos, realizada em Jontien, Tailândia, de 5 a 9 de março de 1990, reitera: "confere aos membros de uma sociedade a possibilidade e, ao mesmo tempo, a responsabilidade de respeitar e desenvolver a sua herança cultural, linguística e espiritual, de promover a educação de outros, de defender a causa da justiça social, de proteger o meio ambiente...."

> Quando Collor nomeia a Lutzenberger como secretário de meio ambiente, em março de 1990, sinaliza uma nova responsabilidade ambiental que o governo brasileiro pretendia assumir. A súbita conversão ambientalista de Collor explica-se pela necessidade de ganhar a confiança da opinião pública do Norte para seu programa econômico globalista-conservador que requer como um de seus elementos cruciais a vinda de novos investimentos estrangeiros ao país. No início de 1990 o ambientalismo tinha avançado extraordinariamente na opinião pública do

> Norte, a popularidade da proteção ambiental era muito alta (entre os três primeiros lugares em ordem de prioridade na maioria dos países) e as questões ambientais tinham ocupado o lugar mais destacado na agenda da reunião dos G7 em Paris (1989). Logo depois de eleito, Collor percebeu imediatamente que a ênfase na proteção ambiental era provavelmente sua maior moeda de troca na nova parceria pretendida com o Norte. (VIOLA. 1998)

Em 14/05/1991, o MEC edita a Portaria 678/91 em que determina que a educação escolar deveria contemplar a Educação Ambiental permeando todo o currículo dos diferentes níveis e modalidades de ensino. Foi enfatizada a necessidade de investir na capacitação de professores, no seu aperfeiçoamento na área ambiental.

No mesmo ano, o MEC edita a Portaria 2421/91 que institui em caráter permanente um Grupo de Trabalho de EA com o objetivo de definir com as Secretarias Estaduais de Educação, as metas e estratégias para a implantação da EA no país e elaborar proposta de atuação do MEC na área da educação formal e não-formal para a Conferência da ONU sobre o Meio Ambiente e Desenvolvimento que seria realizado em 1992.

Ainda em 1991 é realizado o Encontro Nacional de Políticas e Metodologias para a Educação Ambiental, promovido pelo MEC e SEMA com apoio da UNESCO/Embaixada do Canadá em Brasília, com a finalidade de discutir diretrizes para definição da Política da EA.

> Durante o ano 1991 a contenção das despesas públicas afetou negativamente a secretaria do meio ambiente, assim como a outros ministérios. A governabilidade do IBAMA que já era complicada anteriormente ficou muito difícil em 1991 devido ao forte achatamento salarial e ao sistemático retardamento governamental nas contrapartidas para

liberação de empréstimos internacionais. A forte retórica pró-ambientalista de Collor não se traduziu numa significativa realocação do gasto público em favor da proteção ambiental. (VIOLA, 1998)

Durante a década de 1990, duas leis importantes para a defesa do meio ambiente foram implementadas: em 1996 foi criada a Política Nacional dos Recursos Hídricos, que versa sobre o uso e gestão dos recursos hídricos brasileiro, e em 1998 foi criada a Lei de Crimes Ambientais que prevê penalidades para os responsáveis de atividades lesivas ao ambiente.

Em 1992 foi introduzido o termo "ecoeficiência" pelo World Business Council for Sustainable (WBCSD) (Conselho Mundial de Negócios para o Desenvolvimento Sustentável) por meio da publicação do livro *Changing Course*. Pelo conceito de ecoeficiência entende-se a maneira como a indústria realiza ações para reduzir o impacto ambiental e aumentar a rentabilidade, usando de maneira mais eficiente os recursos materiais e energia. De maneira sintética os elementos da ecoeficiência são: a) reduzir o consumo de materiais com bens e serviços; b) reduzir o consumo de energia com bens e serviços; c) reduzir a dispersão de substâncias tóxicas; d) intensificar a reciclagem de materiais; e) maximizar o uso sustentável de recursos renováveis e prolongar a durabilidade dos produtos.

Durante a Conferência da ONU sobre Meio Ambiente e Desenvolvimento, RIO-92, o MEC promoveu em Jacarepaguá um *workshop* com o objetivo de socializar os resultados das experiências nacionais e internacionais de EA, discutir metodologias e currículos. Do encontro resultou a Carta Brasileira para a Educação Ambiental que recomendou entre outras coisas o compromisso real do poder público federal, estadual e municipal no cumprimento e complementação da legislação e das políticas para a Educação Ambiental.

Na Conferência Rio/92 aprovou-se, entre outros documentos, a Agenda 21, que reúne propostas de ação para os países e os povos em geral, bem como estratégias para que essas ações sejam realizadas e serve de instrumento para o planejamento e construção de sociedades sustentáveis, em diferentes regiões do planeta, conciliando métodos de proteção ambiental, justiça social e eficiência econômica.

Em cumprimento às recomendações da Agenda 21 e aos preceitos constitucionais, é aprovado no Brasil o Programa Nacional de Educação Ambiental – PRONEA (1994), elaborada em parceria entre os Ministérios da Educação, Meio Ambiente, Cultura e Ciências e Tecnologia, que prevê ações nos âmbitos de Educação Ambiental formal e não-formal. Devido a mudanças de governo o PRONEA não foi efetivamente implementado, mas forneceu subsídios para a formulação da Lei n.º 9795/99 da Política Nacional de Educação Ambiental, considerado um marco legal para a institucionalização da EA no país.

Em complementação a essa agenda, os países da América Latina e do Caribe apresentaram a "Nossa Agenda", com as prioridades para seus países. E os governos locais apresentaram a "Agenda Local", processo participativo e multissetorial de construção de um programa de ação estratégica dirigido para o desenvolvimento sustentável local.

Durante a Conferência Rio/92, reuniu-se o Fórum Global do qual participaram representantes não-governamentais (ONGs, de movimentos sociais, sindicatos etc.). Um dos resultados do Fórum Global foram os Tratados, um para cada esfera de atuação, discutidos e firmados por milhares de representantes presentes, das mais variadas regiões do mundo. Teceram considerações importantes como a crise que é inerente a erosão dos valores básicos e a alienação e a não-participação da quase totalidade dos indivíduos na construção de seu futuro. Todos eles mencionavam, dentre seus objetivos ou estratégias mais importantes, a conscientização e a Educação Ambiental dirigida aos técnicos, profissionais e políticos, até o cidadão comum, especialmente os jovens. Um dos tratados foi exclusivamente sobre Educação Ambiental: o *"Tratado de Educação Ambiental para Sociedades Sustentáveis e Responsabilidade Global"*. Nesse tratado foram delineados princípios e diretrizes gerais para o desenvolvimento de trabalhos com a temática Meio Ambiente. Segundo Tozzoni-Reis (2004, p.6) o tratado "reconhece a educação como direito dos cidadãos e firma posição na educação transformadora, convocando as populações a assumirem as suas responsabilidades, individual e coletivamente, e a cuidar do ambiente local, nacional e planetário".

Vale lembrar que em 1992, foi criado o Ministério do Meio Ambiente (MMA), e em julho desse mesmo ano, o IBAMA instituiu os Núcleos de Educação Ambiental em todas as suas superintendências estaduais.

A Portaria 773/93 do MEC institui em caráter permanente um Grupo de Trabalho para Educação Ambiental com objetivo de coordenar, apoiar, acompanhar, avaliar e orientar as ações, metas e estratégias para a implementação da Educação Ambiental nos sistemas de ensino em todos os níveis e modalidades - concretizando as recomendações aprovadas na RIO -92.

A Proposta do Programa Nacional de Educação Ambiental - PRONEA, de 1994, elaborada pelo MEC/MMA/MINC/MCT tem o objetivo de "capacitar o sistema de educação formal e não-formal, supletivo e profissionalizante, em seus diversos níveis e modalidades." O PRONEA previu três componentes: (a) capacitação de gestores e educadores, (b) desenvolvimento de ações educativas e (c) desenvolvimento de instrumentos e metodologias, contemplando sete linhas de ação: educação ambiental através do ensino formal; educação no processo de gestão ambiental; campanhas de educação ambiental para usuários de recursos naturais; cooperação com meios de comunicação e comunicadores sociais, articulação e integração comunitária; articulação intra e interinstitucional; rede de centros especializados em educação ambiental em todos os Estados.

No ano de 1995 realiza-se em Berlin, a primeira Conferência das Partes da Convenção do Clima (COP1), que resultou no chamado Mandato de Berlin, "um chamamento às nações mais industrializadas a estabelecer objetivos mais específicos para a redução das suas emissões" (DIAS, p. 53). No Brasil foi criada, em outubro, a Câmara Técnica temporária de Educação Ambiental no Conselho Nacional de Meio Ambiente - CONAMA, determinante para o fortalecimento da Educação Ambiental.

O ano de 1996 é marcado pela realização em Istambul, na Turquia, da Conferência das Nações Unidas sobre os Assentamentos Humanos - Habitat II - ou Cúpula das Cidades que teve como objetivo principal atualizar os temas e paradigmas que fundamentam a política urbana e habitacional, com vistas a reorientar a linha de ação dos órgãos e agências de cooperação internacional para estes temas. Segundo Rattner (1999) a Habitat II revelou um quadro melancólico do estado das megacidades

> O mito do crescimento econômico ilimitado foi substituído pela evidência dramática da deterioração humana e ambiental, enquanto, paradoxalmente, mais riqueza material é produzida e ativos financeiros se concentram nas mãos de

alguns milhares de conglomerados poderosos. (RATTNER, 1999, p. 57)

No Brasil é criada a Lei n° 9.276/96 que estabelece o Plano Plurianual do Governo 1996/1999, define como principais objetivos da área de Meio Ambiente a "promoção da Educação Ambiental, através da divulgação e uso de conhecimentos sobre tecnologias de gestão sustentável dos recursos naturais", procurando garantir a implementação do PRONEA.

Segundo o Conselho Nacional de Meio Ambiente – 1996 (CONAMA) a Educação Ambiental é um processo de formação e informação, orientado para o desenvolvimento da consciência crítica sobre as questões ambientais e de atividades que levem a participação das comunidades na preservação do equilíbrio ambiental.

Para muitos especialistas, 1997 foi o Ano da Educação Ambiental no Brasil. Dois fatos podem ajudar a entender a ascensão do tema, que fez do ano um marco para quem estuda a história da Educação Ambiental brasileira. Por um lado, a comemoração das duas décadas de realização da Conferência de Tbilisi. Promovida pela Unesco em 1977, na capital da Geórgia, Ex-União Soviética, ela resultou num documento final que é base para a moderna visão da educação ambiental (EA, como chamaremos daqui em diante).

Por outro, era momento de avaliar os cinco anos da Conferência das Nações Unidas sobre o Meio Ambiente e o Desenvolvimento. Mais conhecida como Rio 92, foi nela que se finalizou a construção do Tratado de Educação Ambiental para as Sociedades Sustentáveis e Responsabilidade Global, referência para quem quer fazer EA em qualquer parte do mundo. (BRASIL, 2008)

Na Grécia em 1997 é realizada a Conferência Internacional sobre Meio Ambiente e Sociedade: Educação e Consciência Pública para a Sustentabilidade – Thessaloniki, 1997, onde houve o reconhecimento que, passados cinco anos da Conferência Rio-92, o desenvolvimento da EA foi insuficiente. No evento, organizado pela Unesco, o Brasil apresentou o documento "Declaração de Brasília para a Educação Ambiental", consolidado após a I Conferência Nacional de Educação Ambiental – CNIA. O documento reconhece que a visão de educação e consciência pública foi enriquecida e reforçada pelas conferências internacionais e que os planos de ação dessas conferências devem ser implementados pelos governos nacionais e pela sociedade. Definiu-se como um meio de trazer mudanças de comportamentos e estilos de vida, para disseminar conhecimentos e desenvolver habilidades na preparação do público, para suportar mudanças rumo a sustentabilidade oriundas de outros setores da sociedade.

A Coordenação de Educação Ambiental do MEC promove, em 1998, Cursos de Capacitação de Multiplicadores, 5 teleconferências, 2 Seminários Nacionais e produz 10 vídeos para serem exibidos pela TV Escola. Ao final deste ano, a Coordenação de Educação Ambiental é inserida na Secretaria de Ensino Fundamental - SEF no MEC, após reforma administrativa.

Em 27 de abril de 1999 é promulgada a Lei nº 9.795 que institui a Política Nacional de Educação Ambiental, a que deverá ser regulamentada após as discussões na Câmara Técnica Temporária de Educação Ambiental no CONAMA.

O MEC, através da Portaria 1648/99 cria o Grupo de Trabalho com representantes de todas as suas Secretarias para discutir a regulamentação da Lei nº 9795/99 o MEC propõe o Programa PCNs em Ação atendendo às solicitações dos Estados.

A Rio +10, ou Conferência das Nações Unidas sobre Ambiente e Desenvolvimento Sustentável, aconteceu entre 26 de agosto e 4 de setembro em Johannesburgo (África do Sul). O evento ocorrido dez anos após a RIO - 92 teve como objetivos centrais: fortalecer o compromisso de todas as partes com os acordos aprovados anteriormente (especialmente em relação à Agenda 21, assinada em 1992 na Conferência do Rio); e identificar as novas prioridades que emergiram desde 1992.

Segundo Tozzoni-Reis (2004 p. 7) no Rio+10 "fez-se um balanço dos dez anos da Agenda 21 e constatou-se a permanência da insustentabilidade do modelo econômico em curso".

Oficialmente, o tema da cúpula de Johannesburgo era o do Desenvolvimento Sustentável, termo presente no "Relatório Bruntland" (1987) e definido como "um desenvolvimento que responda às necessidades do presente sem comprometer a capacidade das gerações futuras de responder às suas". O conceito de Desenvolvimento Sustentável ficou vago e não foi aprofundado na Conferência e as ONGs não tiveram a mesma influência política do que no Rio.

Em 2004 foi realizado em Goiânia o primeiro encontro governamental nacional sobre políticas públicas de educação ambiental. O encontro, promovido pelos Ministérios da Educação e do Meio Ambiente em parceria com o governo estadual de Goiás e com a prefeitura municipal de Goiânia, reuniu secretários e gestores públicos das três esferas de governo da área educacional e ambiental e objetivou elaborar um diagnóstico dos principais desafios ao enraizamento da educação ambiental no país, estimulando a descentralização do planejamento e da gestão da educação ambiental e a aproximação entre as secretarias de educação e de meio ambiente.

A Prostituta de Todos –natureza, sociedade e meio ambiente, por Gilberto da Silva

Capítulo III

Conceitos e objetivos da EA

Entendemos que a Educação Ambiental é uma forma de educação que busca atingir a todos na compreensão dos graves problemas ambientais em todas as suas dimensões biológica, física, química, política, econômica e cultural assim como preconizado no Artigo1 da Lei 9795/99

> Os processos por meios dos quais o indivíduo e a coletividade constroem valores sociais, conhecimentos, habilidades, atitudes e competências voltadas para a conservação do meio ambiente, bem de uso comum do povo, essencial á sadia qualidade de vida e sua sustentabilidade. (Art. 1°/Lei n° 9.795/99 - Política Nacional de EA).

A educação ambiental tem como finalidade ajudar a fazer compreender a complexidade das questões ambientais proporcionando ao aluno a possibilidade de novos conhecimentos e atitudes em relação ao meio ambiente. Nesta jornada de aprendizado os objetivos básicos da Educação Ambiental são a consciência e o conhecimento, numa mão dupla: adquirir consciência e sensibilizar e ajudar ao outro a adquirir também conhecimento; ajudar aos outros (indivíduos e grupos) a adquirir habilidades para resolver os problemas socioambientais e por fim proporcionar a ampla participação das pessoas na busca por soluções.

A Educação Ambiental deve ter com princípio o meio ambiente em sua totalidade e complexidade, ser um processo contínuo e permanente, ter um enfoque interdisciplinar, levar em conta a perspectiva histórica e geográfica, o cooperativismo e o senso crítico.

3.1- A Educação formal

> A educação ambiental é um componente essencial e permanente da educação nacional, devendo estar presente, de forma articulada, em todos os níveis e modalidades do processo educativo, em caráter forma e não-formal (Art. 2 º da lei 9.795/99)

Entende-se por Educação Ambiental formal aquela que se realiza através das instituições de ensino por meio de seus cursos. O princípio básico que deverá nortear as atividades de educação formal é o de estimular a abordagem interdisciplinar dos conteúdos ambientais, trabalhando os mesmos de forma transversal ao currículo básico dentro das diferentes disciplinas já existentes.

Para contribuir efetivamente na ampliação e no enriquecimento da questão ambiental na escola, propondo ações não específicas por disciplina, mas abrangendo as diferentes áreas do conhecimento e servindo como meio estimulador de algumas ações de Educação Ambiental, é fundamental que a escola desenvolva um programa ou projeto de Educação Ambiental.

As ações de Educação Ambiental, desta forma, devem ocorrer dentro do sistema formal de ensino, junto a rede escolar pública (estadual e municipal) e privada, com produção de materiais técnicos específicos, treinamento de professores e estímulo aos diferentes atores envolvidos na execução do Programa, a partir de uma abordagem interdisciplinar, provocando um diálogo entre as várias disciplinas com o objetivo único de transformar os indivíduos e a sociedade na sua relação com o meio ambiente.

3.2 - A Educação Ambiental no ambiente não formal

> Entende-se por educação ambiental não-formal as ações e práticas educativas voltadas à sensibilização da coletividade sobre as questões ambientais e à sua organização e participação na defesa da qualidade do meio ambiente. (Art. 13 da lei 9.795/99)

Entende-se por Educação Ambiental não formal o processo de educação direcionada à comunidade e que ocorre em variados espaços da vida social, fora da escola. A participação da comunidade é fundamental para o estabelecimento de estratégias e ações socioambientais. Fortalece-se a cidadania e melhora a qualidade de vida através da disseminação de práticas e ações socioambientais tais como economia de energia e de água, redução da poluição sonora e do ar, coleta seletiva do lixo e sua reciclagem, cuidados com os mananciais etc. Envolve ações, práticas, métodos e conteúdos flexíveis.

Informal

A Educação Ambiental informal é aquela exercida em outros espaços sociais e que faz parte dos processos destinados a ampliar a conscientização pública sobre as questões ambientais através dos meios de comunicação de massa (jornais, revistas, rádios, e televisão). Engloba também os sistemas de informatização (Internet), bancos de dados ambientais, além de bibliotecas, videotecas e filmotecas especializadas, cartazes, livretos, boletins etc. A comunicação é uma arma fundamental para ajudar na educação.

Os conteúdos e os métodos são flexíveis e o público é variável. Outras formas de manifestação e de expressão humana também devem ser contempladas em atividades de Educação Ambiental tais como, canções, poesias, esculturas e pinturas. A comunicação e as artes, não necessariamente se constituem em objeto da pedagogia ambiental no seu sentido usual, mas são valiosos enquanto instrumentos de sensibilização por exprimirem no campo das emoções e dos sentimentos as percepções dos indivíduos em relação ao meio ambiente.

Portanto, não importando o local e as condições, o objetivo da Educação Ambiental é contribuir para a autonomia, para o processo comunitário, para a conservação da biodiversidade em ações que promovam a melhoria da qualidade de vida e das condições socioambientais.

Capítulo V
As diferentes abordagens em Educação Ambiental

A consciência ecológica levanta-os um problema duma profundidade e duma vastidão extraordinárias. Temos de defrontar ao mesmo tempo o problema da Vida no planeta, o problema da sociedade moderna e o destino do Homem. Isto nos obriga a repor em questão a própria orientação da civilização ocidental. Na aurora do terceiro milênio, é preciso compreender que revolucionar, desenvolver, inventar, sobreviver, viver, morrer, anda tudo inseparavelmente ligado (Edgar Morin)

4.1 - A complexidade

Nós seres humanos somos seres complexos. Edward O. Wilson, naturalista da Universidade de Harvard, afirmou numa tese que os homens não podem ser privados do contato com a natureza sob o risco de sofrerem psicologicamente e perderem seu bem-estar. Vivemos numa grande teia, numa rede de relações. Não vivemos apenas para viver entre concreto e poluição. A vida é relação e nada está isolado na e da natureza.

Para Leff (2003, p.61) "aprender a aprender a complexidade ambiental contribui para um processo de construção coletiva do saber" ou "um ser sendo, pensando e atuando no mundo" (p.62). Para Leff, complexidade ambiental ultrapassa as fronteiras da racionalidade e desencadeia uma nova visão de mundo, uma nova reflexão baseada na interdisciplinaridade e na transdisciplinaridade.

A Educação Ambiental pressupõe a participação de diferentes áreas de conhecimento no estudo do ambiente, da adequação de seu uso e de todas as formas que nele existem. Apresenta-se como multidisciplinar em que o ambiente é o elo de ligação. Educação Ambiental não é conservacionismo ou pura ecologia. É tema interdisciplinar, interessa tanto à biologia, como à pedagogia, ao direito, à economia. Não há campo imune à sua influência.

Morin (2001) nos ensina que a complexidade é a reintrodução da incerteza num "conhecimento que havia partido triunfalmente à conquista da certeza absoluta" (p.188)

4.2 - A interdisciplinaridade

A interdisciplinaridade é questionadora da segmentação entre os diferentes campos de conhecimento produzida por uma abordagem que não leva em conta a inter-relação e a influência entre eles. A interdisciplinaridade questiona a visão compartimentada, ou disciplinar da realidade sobre a qual a escola, tal como é conhecida, historicamente se constituiu, sendo assim, a interdisciplinaridade caracteriza-se pela intensidade das trocas entre os especialistas e pelo grau de integração real das disciplinas no interior de um mesmo projeto de pesquisa.

O sufixo inter, da interdisciplinaridade tem como papel de união das disciplinas, oferece aos professores as condições objetivas para o trabalho amplo e organizado. Alia práticas pedagógicas com ações. Busca a totalidade, a parceria e o diálogo.

Segundo os PCN a interdisciplinaridade supõe um eixo integrador, que pode ser o objeto de conhecimento, um projeto de investigação, um plano de intervenção.

Na interdisciplinaridade o professor é o profissional da reconstrução do conhecimento tendo como prática educativa a pesquisa. O professor busca a renovação; a aprendizagem não é só reprodutivista é socializadora de conhecimento. Pela interdisciplinaridade não iremos tratar os acontecimentos da realidade social de forma fragmentada e desvinculada das experiências significativas do educando. A abordagem será contextualizada e fundamentada.

É uma nova postura, uma nova atitude em busca do contexto do conhecimento. Através da interdisciplinaridade se constrói um conhecimento globalizante, inclusivo, colaborativo, recíproco. É a arte de articular saber, saberes, experiência, práticas e ações continuadas. Adotar a interdisplinaridade como metodologia no desenvolvimento da Educação Ambiental, não significa abandonar as disciplinas. Nem se faz um professor pluriespecializado, na verdade, busca-se uma intercomunciação entre as disciplinas trabalhando através de projetos integradores. Não existe interdisciplinaridade sem disciplinas!

> O ProNEA representa um constante exercício de **Transversalidade**, criando espaços de interlocução bilateral e múltipla para internalizar a educação ambiental no conjunto do governo, contribuindo assim para a agenda transversal, que busca o diálogo entre as políticas setoriais ambientais, educativas, econômicas, sociais e de infraestrutura, de modo a participar das decisões de investimentos desses setores e a monitorar e avaliar, sob a ótica educacional e da sustentabilidade, o impacto de tais políticas. Tal exercício deve ser expandido para outros

níveis de governo e para a sociedade como um todo. (Programa Nacional de Educação Ambiental)

A interdisciplinaridade deverá ser posteriormente sucedida pela transdiciplinaridade, seguindo as palavras de Piaget que a usou em 1972, levando a um novo diálogo entre as ciências humanas, a arte, a metafísica e as ciências exatas. Esta nova atitude engloba e envolve uma nova teoria, uma nova visão prática e de atitude apoiada nos pilares da complexidade (contrapondo-se a visão reducionista e mecanicista do real), numa nova lógica inclusiva (contrapondo à lógica aristotélica da exclusão e na totalidade do ser humano em todos os níveis: psíquico, mental, corporal).

Capitulo V
Conhecimento, Ensino, Educação da EA - Conceitos e objetivos da Educação Ambiental e os PCNs

> A educação não se dá e nem se recebe. A educação se vive conjuntamente e consiste, exatamente, nessa busca de referência do conhecer, no estabelecimento de consensos. As diferenças, portanto, e não as desigualdades, entre os participantes, são fundamentais nesse processo de construção. (ANDRADE, 2003 p. 21)

Os Parâmetros Curriculares Nacionais, como o próprio nome indica, não são regras impostas para dizer o que os professores devem ou não fazer e sim, parâmetros que podem proporcionar subsídios para melhorar a educação e auxiliar na reflexão sobre a prática pedagógica. Os objetivos fundamentais dos PCNs são a formação da pessoa, de maneira a desenvolver valores e competências para a integração do indivíduo à sociedade. Assim como o aprimoramento do educando ao mundo do trabalho, e ao desenvolvimento intelectual autônomo e crítico. Os PCNs foram elaborados com vistas a que os alunos concluindo o ensino fundamental sejam capazes de:

> a) compreender a cidadania como participação social e política; b) posicionar-se de maneira crítica e responsável em diferentes situações sociais, utilizando-se do diálogo; c) conhecer as características fundamentais do Brasil em suas

diferentes dimensões; d) conhecer e valorizar a pluralidade do patrimônio cultural brasileiro; e) perceber-se parte integrante do meio ambiente e agente transformador do mesmo, podendo contribuir para sua melhoria; f) questionar a realidade, formulando problemas e buscando resolvê-los, utilizando pensamento lógico, a criatividade, a intuição e a capacidade de análise crítica. (PCNs vol.1:107)

5.1 - Meio ambiente como tema transversal

O saber é, primeiro, para ser refletido, meditado, discutido, criticado por espíritos humanos responsáveis ou é para ser armazenado em bancos informacionais e computado por instâncias anônimas e superiores aos indivíduos? (MORAN, 2001, p.136)

O tema transversal Meio Ambiente inserido nos Parâmetros Curriculares Nacionais (PCN), lançados pelo Ministério da Educação (MEC), em 1998, veio abordar a importância de considerar os aspectos físicos, biológicos e a relação ser humano com a natureza, reconhecendo a crise ambiental que afeta o mundo apontando para a necessidade da busca por novos valores e atitudes. Enfatiza a categoria "participação" como forma de consolidar um trabalho de Educação Ambiental que contemple as questões da cotidianidade e da cidadania e as relações dos seres humanos com a sociedade, o mundo do trabalho, as artes e a tecnologia.

Por entender a questão ambiental como fator que impõe às sociedades a busca de novas formas de pensar, os temas transversais, no entendimento dos PCNs, são questões urgentes que interrogam sobre a vida humana, numa perspectiva que contribui para evidenciar a necessidade de um trabalho vinculado aos princípios da dignidade do ser humano, da participação, da corresponsabilidade, da solidariedade e da equidade." (PCN Temas

Transversais- 5ª a 8ªséries, 1998 p:201). Assim, trabalhar a Educação Ambiental é uma forma de buscar novos caminhos e modelos para a produção de bens, para o consumo e sustentabilidade ecológica.

Por sua vez os PCNs e o tema transversal Meio Ambiente assinalam que

> a questão ambiental impõe às sociedades a busca de novas formas de pensar e agir, individual e coletivamente, de novos caminhos e modelos de produção de bens, para suprir necessidades humanas, e relações sociais que não perpetuem tantas desigualdades e exclusão social, e, ao mesmo tempo, que garantam a sustentabilidade ecológica. Isto implica um novo universo de valores no qual a educação tem um importante papel a desempenhar. (PCN Temas Transversais- 5ª a 8ª séries,1998, pág.180)

De uma forma geral a Educação Ambiental pode ser entendida como "uma ferramenta privilegiada para o estabelecimento de um novo contrato com a natureza baseado em uma conscientização mais profunda, tanto dos elementos que compõe o meio ambiente, onde o homem passe a ser encarado como um elemento chave do contexto ambiental, quando da necessidade de ver o meio ambiente como condição maior da vida." (PCNs Vol. 9)

A transversalidade tem como principal critério o relacionamento de questões disciplinares com temas do cotidiano vivenciado no momento em que o conhecimento está sendo construído em aula e suas respostas se fizerem necessárias.

> A transversalidade diz respeito à possibilidade de estabelecer, na prática educativa, uma relação entre aprender conhecimentos teoricamente sistematizados (aprender sobre a realidade) e as questões da vida real e de

sua transformação (aprender na realidade e da realidade). (Brasil, 1998, v.1, p.30).

O caráter crítico da proposta transversal em relação ao currículo do tipo disciplinar se revela e se faz mais claro através de sua preocupação de que a prática pedagógica venha a expressar a perspectiva política, social e cultural de nossa sociedade, abrindo um espaço de diálogo em sala de aula onde juntos professores e alunos sejam incentivados a discutir e se posicionar – tanto pela valorização de valores extraescolares e suas possíveis inter-relações com o currículo formal da escola.

5.2 Educação Ambiental e a sensibilização

> Críticos seremos, verdadeiros, se vivermos a plenitude da práxis. Isto é, se nossa ação involucra uma crítica reflexão que, organizando cada vez o pensar, nos leva a superar um conhecimento estritamente ingênuo da realidade. Este precisa alcançar um nível superior, com que os homens cheguem à razão da realidade. (FREIRE, 1982, p.152)

Deve-se desenvolver ações de Educação Ambiental em cada escola com um trabalho voltado para as práticas ambientais de acordo com as necessidades de cada região. Deve-se resultar em práticas criadoras, de forma natural, pela pintura, escultura, teatro, música, dança, expressão cultural, jogo e a mímica. Tudo em volta deve ser observado, as pessoas, as belezas. Tudo é observável! Tentar fugir do modelo fragmentário, consumista, concentrador de riqueza, individualista.

Mudar! Este é o primeiro ato e a chave da transformação. Mudar as atitudes, as posturas dos indivíduos e dos grupos. Participar e deixar participar, devemos entender que participação é um instrumento de cidadania. Os docentes devem, a cada momento, estimular a participação dos alunos.

A Educação Ambiental deve incorporar a razão e a emoção à questão ambiental, mudar as atitudes com nós mesmos. Praticar a Educação Ambiental é se envolver em ações solidárias e fraternas. A sensibilização deve transcender ao racional: é amar, ter prazer em cuidar, doar, pertencer (no sentido de pertencimento à natureza).

Transcrevemos abaixo o **Tratado de Educação Ambiental para Sociedades Sustentáveis e Responsabilidade Global** que foi gerado num processo mundial de debate e consulta nascido na Jornada Internacional de Educação Ambiental, durante o Fórum Global que se realizou paralelo à Rio-92. É um documento que propõe uma Educação Ambiental política e transformadora, pela construção de sociedades sustentáveis e tratar as questões globais críticas, suas causas e inter-relações em uma perspectiva sistêmica, em seu contexto social e histórico.

Tratado de Educação Ambiental para Sociedades Sustentáveis e Responsabilidade Global

Este Tratado, assim como a educação, é um processo dinâmico em permanente construção. Deve portanto propiciar a reflexão, o debate e a sua própria modificação. Nós signatários, pessoas de todas as partes do mundo, comprometidos com a proteção da vida na Terra, reconhecemos o papel central da educação na formação de valores e na ação social. Nos comprometemos com o processo educativo transformador através do envolvimento pessoal, de nossas comunidades e nações para criar sociedades sustentáveis e equitativas. Assim, tentamos trazer novas esperanças e vida para nosso pequeno, tumultuado, mas ainda assim belo planeta.

I – Introdução

Consideramos que a educação ambiental para uma sustentabilidade equitativa é um processo de aprendizagem permanente, baseado no respeito a todas as formas de vida. Tal educação afirma valores e ações que contribuem para a transformação humana e social e para a preservação ecológica. Ela estimula a formação de sociedades socialmente justas e ecologicamente equilibradas, que conservam entre si relação de interdependência e diversidade. Isto requer responsabilidade individual e coletiva a nível local, nacional e planetário.

Consideramos que a preparação para as mudanças necessárias depende da compreensão coletiva da natureza sistêmica das crises que ameaçam o futuro do planeta. As causas primárias de problemas como o aumento da pobreza, da degradação humana e ambiental e da violência podem ser identificadas no modelo de civilização dominante, que se baseia em superprodução e superconsumo para uns e subconsumo e falta de condições para produzir por parte da grande maioria. Consideramos que são inerentes à crise a erosão dos valores básicos e a alienação e a não participação da quase totalidade dos indivíduos na construção de seu futuro.

É fundamental que as comunidade planejem e implementem suas próprias alternativas às políticas vigentes. dentre estas alternativas está a necessidade de abolição dos programas de desenvolvimento, ajustes e reformas econômicas que mantêm o atual modelo de crescimento com seus terríveis efeitos sobre o ambiente e a diversidade de espécies, incluindo a humana. Consideramos que a educação ambiental deve gerar com urgência mudanças na qualidade de vida e maior consciência de conduta pessoal, assim como harmonia entre os seres humanas e destes com outras formas de vida.

II - Princípios da Educação para Sociedades Sustentáveis e Responsabilidade Global
A educação é um direito de todos, somos todos aprendizes e educadores.
2. A educação ambiental deve ter como base o pensamento

crítico e inovador, em qualquer tempo ou lugar, em seus modos formal, não formal e informal, promovendo a transformação e a construção da sociedade.

3. A educação ambiental é individual e coletiva. Tem o propósito de formar cidadãos com consciência local e planetária, que respeitem a autodeterminação dos povos e a soberania das nações.

4. A educação ambiental não é neutra, mas ideológica. É um ato político, baseado em valores para a transformação social.

5. A educação ambiental deve envolver uma perspectiva holística, enfocando a relação entre o ser humano, a natureza e o universo de forma interdisciplinar.

6. A educação ambiental deve estimular a solidariedade, a igualdade e o respeito aos direitos humanos, valendo-se de estratégias democráticas e interação entre as culturas.

7. A educação ambiental deve tratar as questões globais críticas, suas causas e inter-relações em uma perspectiva sistêmica, em seus contextos social e histórico. Aspectos primordiais relacionados ao desenvolvimento e ao meio ambiente tais como população, saúde, democracia, fome, degradação da flora e fauna devem ser abordados dessa maneira.

8. A educação ambiental deve facilitar a cooperação mútua e equitativa nos processos de decisão, em todos os níveis e etapas.

9. A educação ambiental deve recuperar, reconhecer, respeitar, refletir e utilizar a história indígena e culturas locais, assim como promover a diversidade cultural, linguística e ecológica. Isto implica uma revisão da história dos povos nativos para modificar os enfoques etnocêntricos, além de estimular a educação bilíngue.

10. A educação ambiental deve estimular e potencializar o poder das diversas populações, promover oportunidades para as mudanças democráticas de base que estimulem os setores populares da sociedade. Isto implica que as comunidades devem retomar a condução de seus próprios destinos.

11. A educação ambiental valoriza as diferentes formas de conhecimento. Este é diversificado, acumulado e produzido

socialmente, não devendo ser patenteado ou monopolizado. 12. A educação ambiental deve ser planejada para capacitar as pessoas a trabalharem conflitos de maneira justa e humana. 13. A educação ambiental deve promover a cooperação e o diálogo entre indivíduos e instituições, com a finalidade de criar novos modos de vida, baseados em atender às necessidades básicas de todos, sem distinções étnicas, físicas, de gênero, idade, religião, classe ou mentais.

13. A educação ambiental requer a democratização dos meios de comunicação de massa e seu comprometimento com os interesses de todos os setores da sociedade. A comunicação é um direito inalienável e os meios de comunicação de massa devem ser transformados em um canal privilegiado de educação, não somente disseminando informações em bases igualitárias, mas também promovendo intercâmbio de experiências, métodos e valores.

14. A educação ambiental deve integrar conhecimentos, aptidões, valores, atitudes e ações. Deve converter cada oportunidade em experiências educativas de sociedades sustentáveis.

15. A educação ambiental deve ajudar a desenvolver uma consciência ética sobre todas as formas de vida com as quais compartilhamos este planeta, respeitar seus ciclos vitais e impor limites à exploração dessas formas de vida pelos seres humanos.

III - Plano de Ação

As organizações que assinam este tratado se propõem a implementar as seguintes diretrizes:

1. Transformar as declarações deste Tratado e dos demais produzidos pela Conferencia da Sociedade Civil durante o processo da Rio 92 em documentos a serem utilizados na rede formal de ensino e em programas educativos dos movimentos sociais e suas organizações.

2. Trabalhar a dimensão da educação ambiental para sociedades sustentáveis em conjunto com os grupos que elaboraram os demais tratados aprovados durante a Rio 92.

3. Realizar estudos comparativos entre os tratados da sociedade civil e os produzidos pela Conferência das nações Unidas para o Meio Ambiente e Desenvolvimento - UNCED; utilizar as conclusões em ações educativas.

4. Trabalhar os princípios deste tratado a partir das realidades locais, estabelecendo as devidas conexões com a realidade planetária, objetivando a conscientização para a transformação.

5. Incentivar a produção de conhecimento, políticos, metodologias e práticas de Educação Ambiental em todos os espaços de educação formal, informal e não formal, para todas as faixas etárias.

6. Promover e apoiar a capacitação de recursos humanos para preservar, conservar e gerenciar o ambiente, como parte do exercício da cidadania local e planetária.

7. Estimular posturas individuais e coletivas, bem como políticas institucionais que revisem permanentemente a coerência entre o que se diz e o que se faz, os valores de nossas culturas, tradições e história.

8. Fazer circular informações sobre o saber e a memória populares; e sobre iniciativas e tecnologias apropriadas ao uso dos recursos naturais.

9. Promover a corresponsabilidade dos gêneros feminino e masculino sobre a produção, reprodução e manutenção da vida.

10. Estimular a apoiar a criação e o fortalecimento de associações de produtores e de consumidores e redes de comercialização que sejam ecologicamente responsáveis.

11. Sensibilizar as populações para que constituam Conselhos populares de ação Ecológica e Gestão do Ambiente visando investigar, informar, debater e decidir sobre problemas e políticas ambientais.

12. Criar condições educativas, jurídicas, organizacionais e políticas para exigir dos governos que destinem parte significativa de seu orçamento à educação e meio ambiente.

13. Promover relações de parceria e cooperação entre as Ongs e movimentos sociais e as agencias da ONU (UNESCO, PNUMA, FAO entre outras), a nível nacional, regional e

internacional, a fim de estabelecerem em conjunto as prioridades de ação para educação, meio ambiente e desenvolvimento.

14. Promover a criação e o fortalecimento de redes nacionais, regionais e mundiais para a realização de ações conjuntas entre organizações do Norte, Sul, Leste e Oeste com perspectiva planetária (exemplos: dívida externa, direitos humanos, paz, aquecimento global, população, produtos contaminados).

15. Garantir que os meios de comunicação se transformem em instrumentos educacionais para a preservação e conservação de recursos naturais, apresentando a pluralidade de versões com fidedignidade e contextualizando as informações. Estimular transmissões de programas gerados pelas comunidades locais.

16. Promover a compreensão das causas dos hábitos consumistas e agir para a transformação dos sistemas que os sustentam, assim como para com a transformação de nossas próprias práticas.

17. Buscar alternativas de produção autogestionária e apropriadas econômica e ecologicamente, que contribuam para uma melhoria da qualidade de vida.

18. Atuar para erradicar o racismo, o sexismo e outros preconceitos; e contribuir para um processo de reconhecimento da diversidade cultura dos direitos territoriais e da autodeterminação dos povos.

19. Mobilizar instituições formais e não formais de educação superior para o apoio ao ensino, pesquisa e extensão em educação ambiental e a criação, em cada universidade, de centros interdisciplinares para o meio ambiente.

20. Fortalecer as organizações e movimentos sociais como espaços privilegiados para o exercício da cidadania e melhoria da qualidade de vida e do ambiente.

21. Assegurar que os grupos de ecologistas popularizem suas atividades e que as comunidades incorporem em seu cotidiano a questão ecológica.

22. Estabelecer critérios para a aprovação de projetos de educação para sociedades sustentáveis, discutindo prioridades sociais junto às agencias financiadoras.

IV - Sistema de Coordenação, Monitoramento e Avaliação

Todos os que assinam este Tratado concordam em:

1. Difundir e promover em todos os países o Tratado de Educação Ambiental para Sociedades Sustentáveis e responsabilidade Global através de campanhas individuais e coletivas, promovidas por Ongs, movimentos sociais e outros.

2. Estimular e criar organizações, grupos de Ongs e Movimentos Sociais para implantar, implementar, acompanhar e avaliar os elementos deste Tratado.

3. Produzir materiais de divulgação deste tratado e de seus desdobramentos em ações educativas, sob a forma de textos, cartilhas, cursos, pesquisas, eventos culturais, programas na mídia, ferias de criatividade popular, correio eletrônico e outros.

4. Estabelecer um grupo de coordenação internacional para dar continuidade às propostas deste Tratado.

5. Estimular, criar e desenvolver redes de educadores ambientais.

6. Garantir a realização, nos próximos três anos, do 1º Encontro Planetário de educação Ambiental para Sociedades Sustentáveis.

7. Coordenar ações de apoio aos movimentos sociais em defesa da melhoria da qualidade de vida, exercendo assim uma efetiva solidariedade internacional.

8. Estimular articulações de ONGs e movimentos sociais para rever estratégias de seus programas relativos ao meio ambiente e educação.

V - Grupos a serem envolvidos

Este Tratado é dirigido para:

1. Organizações dos movimentos sociais-ecologistas, mulheres, jovens, grupos étnicos, artistas, agricultores, sindicalistas, associações de bairro e outros.

2. Ongs comprometidas com os movimentos sociais de caráter popular.

3. Profissionais de educação interessados em implantar e implementar programas voltados à questão ambiental tanto nas redes formais de ensino , como em outros espaços educacionais.

4. Responsáveis pelos meios de comunicação capazes de aceitar o desafio de um trabalho transparente e democrático, iniciando uma nova política de comunicação de massas.
5. Cientistas e instituições científicas com postura ética e sensíveis ao trabalho conjunto com as organizações dos movimentos sociais.
6. Grupos religiosos interessados em atuar junto às organizações dos movimentos sociais.
7. Governos locais e nacionais capazes de atuar em sintonia/parceria com as propostas deste Tratado.
8. Empresários (as) comprometidos (as) em atuar dentro de uma lógica de recuperação e conservação do meio ambiente e de melhoria da qualidade de vida, condizentes com os princípios e propostas deste Tratado.
9. Comunidades alternativas que experimentam novos estilos de vida condizentes com os princípios e propostas deste Tratado.

VI - Recursos
Todas as organizações que assinam o presente Tratado se comprometem:
1. Reservar uma parte significativa de seus recursos para o desenvolvimento de programas educativos relacionados com a melhoria do ambiente e com a qualidade de vida.
2. Reivindicar dos governos que destinem um percentual significativo do Produto Nacional Bruto para a implantação de programas de Educação Ambiental em todos os setores da administração pública, com a participação direta de Ongs e movimentos sociais.
3. Propor políticas econômicas que estimulem empresas a desenvolverem aplicarem tecnologias apropriadas e a criarem programas de educação ambiental parte de treinamentos de pessoal e para comunidade em geral.
4. Incentivar as agencias financiadoras a alocarem recursos significativos a projetos dedicados à educação ambiental: além de garantir sua presença em outros projetos a serem aprovados, sempre que possível.

5. Contribuir para a formação de um sistema bancário planetário das Ongs e movimentos sociais, cooperativo e descentralizado que se proponha a destinar uma parte de seus recursos para programas de educação e seja ao mesmo tempo um exercício educativo de utilização de recursos financeiros.

5.3 Enfim, por que é preciso fazer educação ambiental?

Com certeza para podermos discutir as condições do meio ambiente e da qualidade de vida das populações e de forma consciente propor várias soluções com a participação de todos os setores da sociedade.

Nosso desafio é buscar este desenvolvimento ou sustentabilidade com justiça social, proteção dos recursos naturais e equilíbrio no desenvolvimento econômico. A prática de uma educação ambiental crítica vai permitir que possamos deixar para as futuras gerações um pouco da riqueza dos nossos antepassados. Para esta busca devemos garantir o equilíbrio social, político, econômico, ecológico, cultural; ter consciência dos direitos e deveres de cada um e da coletividade, cidadania, responsabilidade e compromisso social. Portanto, essencial a busca pela solidariedade, pela igualdade, pelo respeito à diferença através de formas democráticas e dialógicas.

> A formação de sujeitos ambientalmente responsáveis, comprometidos com a construção de sociedades sustentáveis, fundamento filosófico-político e teórico-metodológico da educação ambiental crítica, é uma ação política intencional e que, portanto, necessita de sistematização pedagógica e metodológica. (TOZONI-REIS, 2007, p.217)

A Educação Ambiental deve ter a participação de todos os setores da sociedade atuando para a resolução dos problemas socioambientais propiciando mudanças de modos de pensar, agir, alterando nossos desejos e visão de mundo.

A Educação Ambiental é para ser vivida de forma participativa e interativa num ciclo articulado de ação-reflexão-crítica-prática, proporcionando os entrelaçamentos dos múltiplos saberes, tecendo a rede da aprendizagem.

> A educação ambiental é um processo no qual todos nós somos aprendizes e professores. Os bons mestres sempre foram aprendizes até alcançar a maestria de artes e ofícios. Mas esse processo de transmissão de saberes sempre se deu dentro das relações de poder de quem detém um saber, de relações de dominação mestre-aluno, de relações de autoridade e de prestígio pela propriedade de um saber codificado, certificado. (LEFF, 2003, p. 57)

Toda aprendizagem é apreensão e transformação do conhecimento. É preciso também que sejam realizados os investimentos necessários para a transformação ambiental. As políticas públicas e o envolvimento das instituições governamentais e do terceiro setor e que seja efetivado o comprometimento dos governos com as causas ambientais. É uma via de mão dupla.

Referências bibliográficas

ANDRADE. Arnon A. M. De. **Complexidade e Comunicação** in Complexidade à flor da pele. São Paulo: Cortez, 2003.

BERNARDES, Júlio Adão; FERREIRA, Francisco Pontes de Miranda. **Sociedade e Natureza.** In A questão Ambiental: diferentes abordagens, Rio de Janeiro: Bertrand Brasil, 2005.

BRASIL. Ministério do Meio Ambiente. Secretaria de Articulação Institucional e Cidadania Ambiental. **Os diferentes matizes da educação ambiental no Brasil: 1997-2007**. Brasília, DF: MMA, 2008. (Série Desafios da Educação Ambiental).

BRASIL. **Parâmetros Curriculares Nacionais**. Brasília, MEC, 1998.

DIAS, Genebaldo Freire. **Educação ambiental: princípios e práticas**. 9 ed. São Paulo. Gaia, 2004.

COELHO. Maria Célia Nunes, CUNHA, Luis Henrique. **Política e Gestão Ambiental**. In A questão ambiental: diferentes abordagens, Sandra Baptista da Cunha, Antonio José Teixeira Guerra (organizadores), 2 ed. Rio de Janeiro, Bertrand Brasil, 2005.

FREIRE. Paulo. **Pedagogia do Oprimido**. Rio de Janeiro: Paz e Terra, 1982.

LEFF, Enrique (coord). **A Complexidade Ambiental**. São Paulo,: Cortez, 2003.

MONTEIRO, Tânia Regina do N. **Educação ambiental, da teoria à prática: o exemplo de uma escola estadual de Belém**. Revista Partes. São Paulo, 2008. Disponível em

<http://www.partes.com.br/educacao/educacaoambientalbelem. asp>.

MORAN, Edgar. **Ciência com Consciência**. Rio de Janeiro: Bertrand Brasil, 2001.

JACOBI, Pedro. **Educação Ambiental, cidadania e sustentabilidade**. Cadernos de Pesquisa, n° 118, mp. março/ 2003. Disponível em: <http://www.scielo.br/pdf/cp/n118/16834.pdf>.

VIOLA, Eduardo. **A globalização da política ambiental no Brasil, 1990-1998.** Paper preparado para apresentar no "XXI International Congress of the Latin American Studies Association", Panel ENV 24, Social and Environmental Change in the Brazilian Amazon; The Palmer House Hilton Hotel, Chicago, USA, 24-26 de Setembro de 1998. Disponível em:<http://bibliotecavirtual.clacso.org.ar/ar/libros/lasa98/Viola. pdf>. Acesso em 07/07/2009.

RATTNER, Henrique. **Liderança para uma sociedade sustentável**. São Paulo: Nobel, 1999.

TOZONI-REIS, Marilia Freitas de Campos. **Contribuição para uma pedagogia crítica na educação ambiental: reflexões teóricas**. In A questão ambiental no pensamento crítico: natureza, trabalho e educação, Carlos Frederico B. Loureiro (org)... [et al.]. Rio de Janeiro: Quartet, 2007.

_____. Educação Ambiental: natureza, razão e trabalho. Campinas, SP: Autores Associados, 2004.

"Todos os rios correm para o mar, no entanto, o mar não está cheio. Do lugar de onde os rios vem, é para lá que eles retornam" Eclesiastes 1:7

Foto: Gilberto da Silva

A Prostituta de Todos –natureza, sociedade e meio ambiente, por Gilberto da Silva

Parte III
Educação Ambiental Ética e Sustentabilidade

Capítulo I- Água, até quando?

Essencial para a vida, a água torna-se aos poucos uma nova questão estratégica mundial. O risco da escassez da água é iminente e pode ser permanente para um terço dos países do mundo. Os sinais são evidentes: lençóis freáticos, o desaparecimento de terras inundáveis e a diminuição dos lagos e represas. Fato é que o uso excessivo da água representa séria ameaça para a vida na Terra. É preciso trabalhar a consciência de que estamos lidando com um recurso finito. O brasileiro acha que temos bastante água no Brasil, não é preciso economizar, mas o aumento do consumo e a poluição dos rios e mananciais estão levando à escassez de água potável.

Mais de 50% dos rios do mundo estão poluídos ou prestes a exaustão, em consequência do desperdício e da gestão dos recursos hídricos.

Segundo a Organização Panamericana da Saúde, a cada ano, mais de cinco milhões de pessoas morrem de alguma doença associada à água, ambiente doméstico sem higiene e falta de sistemas de esgotamento sanitário. Segundo a FAO/ONU dentro de 20 anos pelo menos 60% da população mundial deverá enfrentar problemas de escassez de água até 2027, calcula que 1,8 bilhão de pessoas viverão em países ou regiões com drásticos problemas de acesso á água.

> Comparada à maioria dos outros líquidos comuns, a água tem uma grande capacidade de absorver e estocar calor. Sendo a maioria das águas naturais levemente ácidas, elas dissolvem uma grande variedade de componentes - de simples sais, como cloreto de sódio, a minerais, como carbonato de cálcio. Além disso, reage com componentes

> orgânicos complexos, incluindo os aminoácidos. Sua elevada tensão superficial é uma propriedade importante para vários processos físicos e biológicos que envolvem a estocagem ou o movimento das águas através de pequenas aberturas ou espaços porosos. (Rutkowski, 2000)

Apesar de a Terra estar praticamente encharcada, a grande maioria dos ecossistemas e os seres humanos dependem de um único tipo de água: água doce. As águas doces representam somente 2,5% do total de água no planeta, estando 87% "presa" nas calotas polares e glaciais ou em depósitos subterrâneos profundos ou, ainda, na atmosfera. Claro que a parte estocada sob a forma de gelo e neve, nos mares e nos oceanos não é imprestável. Vale lembrar que as águas salgadas fornecem todo o pescado consumido no planeta.

As águas doces representam 70% do corpo humano, e está presente no interior e no exterior de qualquer célula. Organismos muito simples podem prescindir de ar, mas nenhum consegue sobreviver sem água; um ser humano pode deixar de comer por várias semanas, mas não consegue passar mais de dez dias sem beber. A compreensão da complexidade do comportamento das águas representa um poderoso instrumento para a constituição de regiões urbanizadas mais saudáveis e agradáveis.

> As intervenções humanas têm negligenciado a relação entre o elemento água e seu entorno natural, provocando impactos diretos ou indiretos de três ordens: mudanças na superfície terrestre, poluição e retiradas para consumo. A mudança na superfície terrestre, principalmente com a impermeabilização, aumenta o fluxo de escoamento superficial, pois não há percolação para os depósitos subterrâneos, provocando enchentes e erosão com carreamento de toda sorte de resíduos sólidos. Além disso, a diminuição da recarga dos depósitos subterrâneos pode ter consequências graves em regiões bem distantes - local de afloramento das águas. (RUTKOWSKI, 2000)

Os poluentes lançados na atmosfera precipitam na superfície como chuva contaminada. Os produtos químicos usados na superfície - agrotóxicos, óleos e graxas, por exemplo -lixiviam para os depósitos subterrâneos e/ou compartimentos de superfície, como também ocorre com os resíduos sólidos abandonados. Usar pesticidas de forma indiscriminada e abandonar ou lavar equipamentos com esses resíduos junto a cursos d'água é também uma forma de espalhar esta poluição.

O processo recente de urbanização brasileira, ao canalizar e/ou "envelopar" a maioria dos riachos e córregos, aumentou a impermeabilização do solo e, consequentemente, a velocidade de escoamento das águas precipitadas. Assim, o fenômeno natural de inundação das várzeas é transformado em problema social- as enchentes.

Como bem saliente Pedro Vianna (2005, p.368) "o valor e o interesse que a água vem crescentemente adquirindo, tanto no âmbito econômico como nas questões ambientais, colocam diante de toda a sociedade brasileira o desafio de zelar pelo controle e preservação dos recursos hídricos do país".

Higiene, alimentação, transporte, lazer, recreação, construção e processos produtivos industriais, comerciais ou agrícolas: diversos são os usos para as águas doces no espaço urbano, demandando qualidade e quantidade hídricas diferenciadas.

1.2 - A questão do saneamento básico

Entendemos por saneamento básico o gerenciamento ou controle dos fatores físicos que podem exercer efeitos nocivos ao homem, prejudicando seu bem-estar físico, mental e social. Um grave problema para a qualidade da água, por exemplo, é a descarga, sem nenhum tratamento, de esgoto domiciliar em rios e represas que abastecem as cidades e irrigam as plantações.

A Lei do Saneamento Básico (Lei Ordinária N.º 11.445 de 05 de janeiro de 2007) define saneamento básico como o "conjunto de serviços, infraestruturas e instalações operacionais de:" abastecimento de água potável, esgotamento sanitário, limpeza urbana, manejo de resíduos sólidos e drenagem e manejo das águas pluviais.

No Brasil, segundo o Ministério das Cidades, cerca de 60 milhões de brasileiros (9,6 milhões de domicílios urbanos) não são atendidos pela rede de coleta de esgoto e, destes, aproximadamente 15 milhões (3,4 milhões de domicílios) não têm acesso à água encanada. Ainda mais alarmante é a informação de que, quando coletado, apenas 25% do esgoto é tratado, sendo o restante despejado "in natura", ou seja, sem nenhum tipo de tratamento, nos rios ou no mar. Como resultado dos baixos índices de tratamento, 65% das internações hospitalares no País são devidos às doenças transmitidas pela água, como por exemplo disenteria, hepatite, meningite, ascaridíase, tracoma, esquistossomose e outras.

Segundo a OMS (organização Mundial de Saúde), a falta de saneamento básico no Brasil é causa de 80% das doenças e 65% das internações hospitalares, implica nos gastos de US$ 2,5 bilhões. Ainda segundo a OMS, mais de cinco milhões de pessoas morrem por ano no mundo (número equivalente a toda a população de um país como a Finlândia) devido às doenças transmitidas pela água. Precisamos rever nossa crença de que a água é abundante e que estará sempre disponível porque isto depende estritamente de como utilizamos e preservamos este recurso. Quanto mais poluída estiver a água, maior quantidade de produtos químicos será necessária para torná-la potável para consumo. O esgoto, assim como os detergentes, contém nutrientes como o fósforo, que em excesso provocam eutrofização dos corpos d'água e consequente proliferação de algas, que pode provocar mau cheiro e gosto ruim na água, mesmo após o tratamento. A solução para o problema é a diminuição da quantidade de nutrientes despejada nos rios, por meio do tratamento do esgoto.

Portanto, saneamento é sinônimo de qualidade de vida, de menos doenças, de meio ambiente preservado e de geração de emprego e renda.

1.3 - Algumas definições:

Lençol freático é um reservatório de água natural de baixa profundidade e um dos componentes de um sistema aquífero que comporta diversos reservatórios subterrâneos. Ele constitui, frequentemente, um dos elementos superiores de um sistema aquífero, que comporta diversos reservatórios de água subterrânea. Ao longo de seu ciclo natural, a água chega ao solo sob a forma de precipitações e toma diversos caminhos para chegar até os lagos, rios e mar. Parte da água escoa pela superfície, enquanto outra se infiltra em direção ao lençol freático e ao sistema aquífero que o abriga.

O sistema aquífero é caracterizado por duas propriedades principais: seu potencial, ou seja, capacidade de armazenar ou fornecer água, e sua reatividade, a velocidade com que transfere água das entradas para as saídas.

As águas de superfície e os aquíferos superiores são mais vulneráveis às infiltrações de agentes poluidores que os aquíferos mais profundos.

Recurso Hídrico é o elemento água visto sob a ótica da economia, com funções de recurso natural e valor econômico-financeiro.

1.4 - Dicas para economizar água

Medidas simples podem ser adotadas por todos, como não lavar o quintal com água potável, ou a calçada ou o carro. A reutilização da água de chuva: há inúmeras possibilidades para o reaproveitamento da água de chuva. Irrigar campos de golfe, quadras esportivas, parques, cemitérios, faixas ao longo de estradas e ruas. Reservas de combate a incêndio, limpeza de tubulações, fontes luminosas, na indústria, na produção de água para caldeiras, sistemas de resfriamento.

1. Feche a torneira quando for escovar os dentes. Se deixá-la aberta, estará consumindo 20 litros de água a mais.
2. Ao fazer a barba em 5 minutos, com a torneira meio aberta, pode-se chegar a gastar até 12 litros de água (casa) ou 80 litros (apartamento). Muita água seria economizada colocando-se um tampão na pia e fazendo do lavatório um tanquinho. Assim, o gasto de água para fazer a barba cai para 2 litros.

3. Tente tomar banhos de 5 minutos e, se possível, feche a torneira enquanto se ensaboa. A cada minuto, 20 litros de água vão embora pelo ralo. Quando estiver num hotel, economize toalhas e lençóis. Não é necessário trocá-los diariamente.

4. Deixe os talheres e pratos de molho dentro da pia antes de lava-lo. E não deixe a torneira aberta enquanto os ensaboa. Você estará economizando 100 litros de água.

5. Lavadora de louças com capacidade para 44 utensílios e 40 talheres gasta 40 litros. Por isso, o ideal é ser utilizada somente quando estiver cheia e não com poucos utensílios.

6. Use a máquina de lavar com a carga máxima e evite o excesso de sabão, que aumenta o número de enxágues.

7. Use balde em vez de mangueira para lavar o carro.

8. Jamais use água para "varrer" a calçada.

9. Não regue as plantas nas horas quentes do dia. A água evapora antes mesmo de atingir as raízes.

10. Um litro de óleo contamina uma quantidade muito maior de água. Nunca jogue, portanto, o óleo das frituras no ralo.

1.5 - Procure por vazamentos.

Uma torneira pingando consome 46 litros de água por dia e, num mês, 1.380 litros. Para saber se há vazamentos, faça o seguinte:

No ramal direto da rede:

- feche o registro do cavalete;
- abra uma torneira alimentada;
- espere até a água parar de correr;
- coloque um copo cheio de água na boca da torneira;

- se houver sucção da água do copo pela torneira, é sinal de que existe vazamento no cano alimentado diretamente pela rede.

Você também pode verificar se existe vazamento no ramal da rede pelo seu hidrômetro:

1. - mantenha aberto o registro do cavalete;

2. - feche bem todas as torneiras da casa e não utilize os sanitários;

3. - feche completamente as torneiras de boia das caixas, não permitindo a entrada de água;

4. - marque a posição do ponteiro maior do seu hidrômetro e, após 1 hora, verifique se ele se movimentou;

5. - caso ele tenha se movimentado, é sinal de que existe vazamento no ramal diretamente alimentado pela rede;

Para verificar se há vazamentos na instalação alimentada pela caixa d'água, faça o seguinte:

1. - feche todas as torneiras da casa

2. - não utilize os sanitários;

3. -feche completamente a torneira de boia da caixa, impedindo a entrada de água;

4. -Marque na caixa o nível da água e, após 1 hora no mínimo, verifique se ele baixou;

5. -Em caso afirmativo, há vazamentos na canalização ou nos sanitários alimentados pela caixa d'água.

A Prostituta de Todos –natureza, sociedade e meio ambiente, por Gilberto da Silva

A forma como o lixo é gerado, sua composição, a proporção de seu reaproveitamento, sua disposição final são indicadores do desenvolvimento e da cultura da sociedade (MINC, 2001, p.245)

2. A Questão dos Resíduos Sólidos

Água, ar e solo estão ficando cada vez mais poluídos e o ecossistema está perdendo a sua biodiversidade. O lixo exposto a céu aberto atrai vetores, potenciais transmissores de enfermidades e expõe os catadores à ação de objetos cortantes e às consequências da ingestão de alimentos deteriorados pela ação de microorganismos. Mais de 60% do lixo urbano é jogado nos lixões.

Não há espaços nos aterros e os lixões contaminam o solo, o ar e a água. A coleta seletiva é incipiente. Segundo o IBGE, o Brasil produz 250 mil toneladas de lixo doméstico por dia, e apenas 2% são reciclados. É vergonhoso a quantidade assustadora de garrafas plásticas de refrigerantes boiando em rios e córregos em algum ponto de uma cidade inundada.

Como Minc manifesta: "lixo nada mais é que matéria-prima fora do lugar" (2001, p. 245). É preciso consumir menos lixo e compreender que o que hoje é jogado fora pode ser doado ou vendido para outras pessoas. Rios cheios provocando enchentes são fruto do desleixo e da falta de uma consciência ambiental tanto por parte do poder público como por parte dos cidadãos. O material mais reciclado é o alumínio e o vidro. Que já possuem processos adequados de reciclagem que geram resíduos capazes de voltar como matéria-prima à linha de produção com o mesmo objetivo inicial.

Segundo dados do "*Diagnóstico do Manejo de Resíduos Sólidos Urbano*", do Ministério das Cidades, em mais da metade dos municípios brasileiros a situação é extremamente crítica – 47% dos lixões não têm qualquer tipo de licença ambiental e 1,7% destes têm apenas licença ambiental prévia. Tal fato implica severas consequências ambientais e sociais – liberação de gás metano, proliferação de vetores de doenças, comprometimento da água de mananciais por contaminação, além da exposição de crianças a toda sorte de riscos numa das piores formas de trabalho infantil.

A coleta seletiva de lixo, os centros de triagem e reciclagem e, numa escala mais avançada, a captação do gás gerado nesses espaços são alternativas que não só evitam ou reduzem os prejuízos, mas geram renda em atividades seguras e dignas.

Com o consumo exacerbado, o aumento na geração de resíduos sólidos tem várias consequências negativas: custos cada vez mais altos para coleta e tratamento do lixo; dificuldade para encontrar áreas disponíveis para sua disposição final; grande desperdício de matérias-primas. Por isso, os resíduos deveriam ser integrados como matérias primas nos ciclos produtivos ou na natureza. Outras consequências do enorme volume de lixo gerado pelas sociedades modernas, quando o lixo é depositado em locais inadequados ou a coleta é deficitária, são:

• contaminação do solo, ar e água;

• proliferação de vetores transmissores de doenças;

• entupimento de redes de drenagem urbana;

• enchentes;

• degradação do ambiente e depreciação imobiliária; doenças.

2.1 - O lixo eletrônico

No início do século passado, o lixo urbano era rico em restos de alimentos, poda de jardins, produtos domésticos, têxteis e entulho. Ainda hoje o lixo é composto em sua maior parte por materiais orgânicos. Porém, cresceu muito a quantidade de papel e material de embalagem (metais, plásticos e papelão), além de produtos como pilhas, equipamentos eletrônicos, óleo de motor usado, restos de tinta e outros. A partir da década de 1980, um novo tipo de componente, quando descartado inadequadamente, tornou-se prejudicial ao meio ambiente: o lixo eletrônico. São computadores, telefones celulares, televisores e outros tantos aparelhos e componentes que, por falta de destino apropriado, são incinerados, depositados em aterros sanitários ou até mesmo em lixões. Estima-se que até 2004 cerca de 315 milhões de microcomputadores tenham sido descartados, 850 mil dos quais no Brasil. Além de ocupar muito espaço, peças e componentes de microcomputadores feitos de metais pesados apresentam toxicidade para a saúde humana. O chumbo dos tubos de imagem, o cádmio das placas e circuitos impressos e semicondutores, o mercúrio das baterias, o cromo dos anticorrosivos do aço e o plástico dos gabinetes são ameaças concretas que requerem soluções em curto prazo. A reciclagem é um dos meios de tratar esses resíduos; a outra é a substituição de metais pesados por outros componentes menos tóxicos. Se prevalecer o princípio do "poluidor pagador", a tendência apontada pela Política Nacional dos Resíduos Sólidos, que está em discussão, é a de que os fabricantes sejam corresponsabilizados pelos equipamentos descartados e sejam incumbidos de lhes dar um fim ambientalmente seguro.

2.2 - O lixo doméstico

Nosso lixo doméstico está repleto de restos de produtos de limpeza, tintas, óleos lubrificantes, frascos de aerossóis, lâmpadas fluorescentes, pilhas, baterias e outros materiais classificados como perigosos devido à presença de substâncias químicas tóxicas. Quando descartadas inadequadamente, em lixões, terrenos baldios, rios, lagos etc., essas substâncias podem contaminar o solo e as águas superficiais ou subterrâneas.

Quando não são adequadamente manejados, os resíduos perigosos contaminam o solo, as águas e o ar.

Veja a seguir alguns exemplos de resíduos perigosos, que devem ser dispostos adequadamente para evitar riscos ao homem e ao meio ambiente:

Pilhas

As pilhas ainda não estão entre os produtos separados nas coletas seletivas de lixo ou pelos catadores. Algumas pilhas de uso doméstico ainda possuem elevadas concentrações de metais pesados. Porém, como o processo de reciclagem é complicado e caro, não é realizado na maioria dos países. Por isso, o consumo de pilhas que contêm altas concentrações de metais pesados e de pilhas de origem incerta deve ser evitado. A destinação final da maioria das pilhas e baterias são os lixões, situação bastante imprópria para elas que apresentam em sua composição metais perigosos à saúde humana e ao meio ambiente.

A Legislação Brasileira (Resolução CONAMA 257/99) estabelece que as pilhas alcalinas do tipo manganês e zinco-manganês, com elevados teores de chumbo, mercúrio e cádmio, devem ser recolhidas pelo importador ou revendedor para que estes adotem, diretamente, ou por meio de terceiros, os procedimentos de reutilização, reciclagem, tratamento ou disposição final ambientalmente adequada.

Para melhor informar o consumidor, esta Resolução estabelece que as cartelas das pilhas contenham informações sobre o seu descarte. Assim, ao comprar pilhas verifique na embalagem as informações sobre os metais que a compõem e como descartá-las.

Baterias:

As baterias de automóveis, industriais, de telefones celulares e outras também contêm metais pesados em concentração elevada. Por isso, devem ser descartadas de acordo com as normas estabelecidas para proteção do meio ambiente e da saúde.

> Parágrafo Único. As baterias industriais constituídas de chumbo, cádmio e seus compostos, destinadas a telecomunicações, usinas elétricas, sistemas ininterruptos de fornecimento de energia, alarme, segurança, movimentação de cargas ou pessoas, partida de motores diesel e uso geral industrial, após seu esgotamento energético, deverão ser entregues pelo usuário ao fabricante ou ao importador ou ao distribuidor da bateria, observado o mesmo sistema químico, para os procedimentos referidos no *caput* deste artigo. (Resolução CONAMA 257/99)

O descarte das baterias de carro, que contêm chumbo, e de telefones celulares, que contêm cádmio, chumbo, mercúrio e outros metais pesados, deve ser feito somente nos postos de coleta mantidos por revendedores, assistências técnicas, fabricantes e importadores – é deles a responsabilidade de recolher e encaminhar esses produtos para destinação final ambientalmente adequada. O mesmo vale para qualquer outro tipo de bateria, devendo o usuário criar o hábito de ler as instruções de descarte presente nos rótulos ou embalagem dos produtos.

Pneus

Pneus usados, velhos e abandonados quando não servem mais são jogados nos lixões, nos terrenos baldios, nos rios e nos córregos. Degradam o ambiente e servem de nascedouro para mosquito da dengue. Apenas um pequeno número é queimado em caldeiras na indústria servindo de fonte de energia ou como combustível para as indústrias de cimento.

Cada pneu possui energia equivalente a 9,4 litros de petróleo. A reciclagem de pneus ainda é incipiente mas ela pode ser usada para a fabricação de concreto, pisos, dutos de águas pluviais, tapetes para carros, solado de sapato e mantas para quadras esportivas, por exemplo. Outra alternativa é o chamado "asfalto ecológico" composto de cerca de 20% de pó de pneu velho.

Lâmpadas fluorescentes

Mais econômicas, as lâmpadas fluorescentes se tornaram muito populares no Brasil, principalmente em função da necessidade de economizar energia durante o período de racionamento de energia elétrica, ocorrido em 2001. Isso, no entanto, criou um problema, uma vez que as lâmpadas fluorescentes contêm mercúrio, um metal pesado altamente prejudicial ao meio ambiente e à saúde.

Como ainda não há dispositivos legais específicos que regulem o descarte nem o interesse dos fabricantes em proporcionar soluções tecnológicas e sistemas de destinação adequados para esse tipo de material, toda essa quantidade de lâmpadas fluorescentes vem sendo descartada junto com o lixo domiciliar. Caso o lixo seja encaminhado para um lixão ou aterro controlado, o mercúrio poderá contaminar o ambiente, colocando a saúde da população em risco.

O consumidor pode usar seu poder de escolha e de pressão sobre as autoridades e as empresas, exigindo o estabelecimento de medidas adequadas e seguras para o descarte desse tipo de lâmpada e de outros resíduos perigosos.

Cuidados com as lâmpadas fluorescentes

Não usar equipamento de aspiração para a limpeza;

Logo após o acidente, abrir todas as portas e janelas do ambiente, aumentando a ventilação;

Ausentar-se do local por, no mínimo, 15 minutos;

Após 15 minutos, colete os cacos de vidro e coloque-os em saco plástico. Procure utilizar luvas e avental para evitar contato do material recolhido com a pele;

Com a ajuda de um papel umedecido, colete os pequenos resíduos que ainda restarem;

Coloque o papel dentro de um saco plástico e feche-o;

Coloque todo o material dentro de um segundo saco plástico. Assim que possível lacre o saco plástico evitando a contínua evaporação do mercúrio liberado;

Logo após o procedimento, lave as mãos com água corrente e sabão.

Como vimos, as pegadas dos homens marcam irremediavelmente todo o planeta. Com a população mundial duplicando, a expansão das indústrias levam a uma intervenção cada vez mais no meio ambiente revelando a fragilidade do nosso planeta e a finitude de seus recursos naturais.

Na contramão da preservação ambiental, o homem passa pela terra deixando pegadas que podem durar por muito tempo, muito mais do que se imagina.

2.4 - O princípio dos três erres

Um caminho para a solução dos problemas relacionados com o lixo é apontado pelo Princípio dos Três Erres (3R's) – reduzir, reutilizar e reciclar. Fatores associados com estes princípios devem ser considerados, como o ideal de prevenção e não-geração de resíduos, somados à adoção de padrões de consumo sustentável, visando poupar os recursos naturais e conter o desperdício.

Reduzir significa consumir menos produtos e preferir aqueles que ofereçam menor potencial de geração de resíduos e tenham maior durabilidade. **Reutilizar** é, por exemplo, usar novamente as embalagens, por exemplo: os potes plásticos de sorvetes servem para guardar alimentos ou outros materiais. **Reciclar** envolve a transformação dos materiais, por exemplo, fabricar um produto a partir de um material usado. Podemos produzir papel reciclando papéis usados. Papelão, latas, vidros e plásticos também podem ser reciclados. Para facilitar o trabalho de encaminhar material pós-consumo para reciclagem, é importante fazer a separação no lugar de origem – a casa, o escritório, a fábrica, o hospital, a escola etc.. A separação também é necessária para o descarte adequado de resíduos perigosos.

2.5 - Tratamento e disposição final do lixo

Existem algumas formas possíveis para o tratamento do lixo e sua disposição final na natureza.

No Brasil, o gerenciamento dos resíduos sólidos urbanos é de responsabilidade das Prefeituras Municipais.

Ainda é bastante reduzido o número de municípios que possuem um bom gerenciamento de resíduos sólidos, com sistemas adequados de coleta, tratamento e disposição final dos resíduos. Segundo dados da Pesquisa Nacional de Saneamento Básico, realizada pelo IBGE em 2000, 64% dos municípios brasileiros depositam seus resíduos em lixões. Apenas 14% possuem aterros sanitários e 18% possuem aterros controlados. Existe, ainda, a necessidade de se promover a universalização da limpeza pública (coleta, varrição, tratamento, destinação final etc.) para toda a população brasileira, já que cerca de 30 % do total de resíduos gerados não é coletado no país (IPT/Cempre 2000).

O conjunto de ações que objetivam a minimização da geração de lixo e a diminuição da sua periculosidade constitui a fase de tratamento dos resíduos, que representa uma forma de torná-los menos agressivos para a disposição final, diminuindo o seu volume, quando possível. Os processos de tratamento dos resíduos são os seguintes:

Compostagem

É um processo no qual a matéria orgânica putrescível (restos de alimentos, aparas e podas de jardins etc.) é degradada biologicamente, obtendo-se um produto que pode ser utilizado como adubo. A compostagem permite aproveitar os resíduos orgânicos, que constituem mais da metade do lixo domiciliar. A compostagem pode ser feita em casa ou em unidades de compostagem.

A compostagem, segundo o Manual de Gerenciamento Integrado - Lixo Municipal - IPT/CEMPRE, é o nome dado ao processo biológico de decomposição da matéria orgânica contida em restos de origem animal ou vegetal. "Dá-se o nome de compostagem ao processo biológico de decomposição da matéria orgânica contida em restos de origem animal ou vegetal. Esse processo tem como resultado final um produto - o composto orgânico - que pode ser aplicado ao solo para melhorar suas características, sem ocasionar riscos ao meio ambiente".

Na compostagem os microrganismos convertem a parte orgânica dos resíduos sólidos, num material estável, tipo *hummus*, conhecido como composto orgânico. Este composto pode ser aplicado ao solo para melhorar suas características, sem ocasionar riscos ao meio ambiente.

A utilização do composto orgânico é vantajosa, pois retém nutrientes minerais existentes no solo ou aplicados com fertilizantes; agrega as partículas de terra, formando os mesmos grânulos encontrados em terras virgens; facilita a penetração da água da chuva, diminuindo a formação das enxurradas e reduzindo as perdas de solo por erosão.

Portanto, a compostagem possui uma função socioecológica, como o pré-composto é num reciclador natural de nutrientes do solo, a compostagem dos resíduos orgânicos contidos no lixo domiciliar transformando-os em um adubo orgânico bom e barato é um processo ecológico, rico e natural.

Incineração
É a transformação da maior parte dos resíduos em gases, através da queima em altas temperaturas (acima de 900° C), em um ambiente rico em oxigênio, por um período pré-determinado, transformando os resíduos em material inerte e diminuindo sua massa e volume. Não se deve confundir a incineração com a simples queima dos resíduos. No primeiro caso, os incineradores geralmente são dotados de filtros, evitando que gases tóxicos sejam lançados na atmosfera. De qualquer forma, devido a aspectos técnicos, a incineração não é o tratamento mais indicado para a maioria dos resíduos gerados e não é adequado à realidade das cidades brasileiras.

Segundo o Greenpeace, as emissões tóxicas, liberadas mesmo pelos incineradores mais modernos, são formadas por três tipos de poluentes perigosos para o ambiente e para a saúde humana: os metais pesados, os produtos de combustão incompleta e as substâncias químicas novas formadas durante o processo de incineração. Nenhum processo de incineração opera com 100% de eficácia. Os metais pesados, como chumbo, cádmio, arsênio, mercúrio e cromo, não são destruídos durante a incineração, e são frequentemente liberados para o ambiente em formas até mais concentradas e perigosas do que no lixo original. Equipamentos de controle de poluição podem remover alguns desses metais das emissões, mas mesmo os mais modernos não eliminam com segurança todos eles. No mais, os metais pesados não desaparecem, são transferidos para as cinzas ou para os filtros, que acabam posteriormente sendo aterrados.

Algumas unidades de incineração estão sendo desativadas no país por operarem precariamente, sem sistemas de tratamento adequado dos gases emitidos. A incineração é um sistema complexo, que envolve milhares de interações físicas e reações químicas. Além do dióxido de carbono e do vapor de água, outros gases são produzidos, incluindo diversas substâncias tóxicas, como metais pesados e outras. Entre elas, destacam-se as dioxinas e os furanos, classificados como poluentes orgânicos persistentes – POPs, que são tóxicos, cancerígenos, resistentes à degradação e acumulam-se em tecidos gordurosos (humanos e animais). Esses poluentes são transportados pelo ar, água e pelas espécies migratórias, sendo depositados distante do local de sua emissão, onde se acumulam em ecossistemas terrestres e aquáticos. Em decorrência dessas características, em setembro de 1998 a Environmental Protection Agency (EPA), a agência de proteção ambiental americana, anunciou que não existe um nível "aceitável" de exposição às dioxinas.

Pirólise

O termo pirólise é utilizado para caracterizar a decomposição térmica de materiais contendo carbono, na ausência de oxigênio. Assim, madeira, resíduos agrícolas, ou outro qualquer tipo de material orgânico se decompõe, dando origem a três fases: uma sólida, o carvão vegetal; outra gasosa e finalmente, outra líquida, comumente designada de fração pirolenhosa (extrato ou bioóleo). Pirólise é um dos processos de destinação final de resíduos sólidos mais eficiente que já foi descoberto pelo homem, porém face ao processo ser ainda custoso no que tange à sua manutenção, necessita de maior aprimoramento tecnológico.

A digestão anaeróbica atualmente é muito utilizada para o tratamento de resíduos como os provenientes de Estações de Tratamento de Esgoto (ETE's), ou em biodigestores (mecanismos que usam geralmente detritos animais para a geração de biogás) que usam o gás resultante do processo para gerar energia.

Digestão Anaeróbica

É um processo baseado na degradação biológica, com ausência de oxigênio e ambiente redutor.

Neste processo há a formação de gases e líquidos. Este princípio é bastante utilizado em todo o mundo em aterros sanitários. Algumas espécies de bactérias, que atuam na ausência de oxigênio, atacam a estrutura de materiais orgânicos complexos, para produzir compostos simples: metano, dióxido de carbono, água, etc., extraindo em simultâneo, a energia e os compostos necessários para o seu próprio crescimento.

O que você pode fazer para minimizar a questão do lixo

Todos nós podemos contribuir para minimizar os problemas causados pelo lixo com pequenas ações no dia-a-dia. Veja algumas dicas:

• pensar se realmente precisa de determinados produtos e comprar somente o necessário para o consumo, evitando o desperdício;

• comprar produtos duráveis e resistentes, evitando comprar produtos descartáveis; reduzir a quantidade de pacotes e embalagens (evitar comprar frutas, verduras e legumes embalados; dar preferência para produtos vendidos a granel - você pode levar de casa a embalagem para esses produtos; escolher produtos com menor número de embalagens; comprar produtos concentrados que possam ser diluídos antes do uso; comprar produtos em embalagens econômicas que possuem menos embalagem por unidade de produto; comprar produtos que tenham refil; levar sacolas ou carrinho de feira para carregar as compras, em substituição às sacolas oferecidas nas lojas e supermercados; colocar o máximo de produtos numa mesma sacola, evitando o uso de duas sacolas sobrepostas; evitar a compra de sacos de lixo, utilizando as sacolas plásticas que embalam as compras);

• comprar produtos cujas embalagens são reutilizáveis e/ou recicláveis;

• escolher produtos de empresas certificadas (ISO 9000 e 14000), que desenvolvem programas socioambientais e/ou que sejam responsáveis pelos produtos pós-consumo;

• evitar a compra de produtos que possuem elementos tóxicos ou perigosos;

• emprestar ou alugar equipamentos que não são usados com frequência, ao invés de comprá-los;

• consertar produtos em vez de descartá-los e substituí-los por novos;

• doar produtos que possam servir a outras pessoas;

• reutilizar materiais e embalagens;

• separar os materiais recicláveis e encaminhá-los para artesãos, catadores, entidades ou empresas que reutilizarão ou reciclarão os materiais;

• fazer sua própria compostagem, quando for possível;

• organizar-se junto a outros consumidores para exigir produtos sem embalagens desnecessárias, como também vasilhames reutilizáveis ou recicláveis;

• evitar gastos de papel e outros materiais desnecessários ao embrulhar presentes;

• evitar a queima de qualquer tipo de lixo; se não houver coleta no seu bairro, enterre o lixo em vez de queimá-lo;

• evitar a compra de cadernos e papéis que usam cloro no processo de branqueamento;

• não descartar remédios no lixo; o mesmo vale para material usado em injeções e curativos feitos em casa. Procure com o seu farmacêutico ou nos postos de saúde uma alternativa de descarte mais adequada;

• ler os rótulos dos produtos para conhecer as suas recomendações ou informações ambientais;

• usar detergentes e produtos de limpeza biodegradáveis;

• utilizar pilhas recarregáveis ou alcalinas;

• deixar a bateria usada do seu carro no local onde adquiriu a nova e certificando-se que existe um sistema de retorno ao fabricante;

• deixar os pneus velhos nas oficinas de troca, pois elas são responsáveis pelo destino final adequado;

• colecionar dicas ambientais sobre consumo sustentável e compartilhá-las com seus amigos

3. As fontes de energia

Existem vários meios de produzir energia elétrica, cada qual com suas vantagens e desvantagens econômicas e ambientais. Pode-se produzir eletricidade a partir de fontes renováveis ou não renováveis.

As fontes renováveis são aquelas que não se esgotam. Algumas delas são fontes permanentes e contínuas – como o Sol, o vento, a água e o calor da terra – outras podem se renovar – como a biomassa.

Ao contrário, as fontes de energia não renováveis, como o petróleo, o carvão mineral, o gás natural e o urânio (usado nas usinas nucleares), tendem a se esgotar. São reservas formadas durante milhões de anos a partir da decomposição natural de matéria orgânica, não podendo ser repostas pela ação do homem.

As formas mais limpas de produção de eletricidade estão associadas ao uso de fontes de energia renováveis.

A formação das bases energéticas dos países sempre resultou de considerações econômicas, como a disponibilidade de recursos naturais e viabilidade de exploração. No caso do Brasil, por exemplo, a abundância de recursos hídricos foi fundamental para a formação de um sistema predominantemente hidráulico.

Nos últimos anos, a questão ambiental vem ganhando relevância no planejamento energético dos países. Só para citar um exemplo, os riscos ambientais levaram a Alemanha a estabelecer um plano de desativação de todo o seu sistema energético nuclear. A seguir, você vai conhecer as principais fontes **de energia e seus impactos sobre o meio ambiente.**

1. - Energia Elétrica Hidráulica

É a energia produzida a partir de uma fonte contínua, nesse caso, o movimento da água. Nas usinas hidrelétricas, a força da queda de um grande volume de água represada é utilizada para movimentar turbinas que acionam um gerador elétrico.

A energia elétrica se tornou um dos bens de consumo mais fundamentais para as sociedades modernas. Usamos energia para gerar iluminação, movimentar máquinas e equipamentos, controlar a temperatura produzindo calor ou frio, agilizar as comunicações etc. Da eletricidade dependem a nossa produção, locomoção, eficiência, segurança, conforto e vários outros fatores associados à qualidade de vida. A contrapartida dos benefícios proporcionados pelo desenvolvimento tecnológico é o crescimento constante do consumo de energia. Para atender à demanda, os governos precisam investir cada vez mais na construção de usinas de geração, linhas de transmissão e distribuição, com sérios prejuízos ambientais. A gravidade dos impactos ambientais vai depender em grande parte da fonte de energia usada na geração da eletricidade. O emprego de fontes não renováveis, como o petróleo, o gás natural, o carvão.

O Brasil é um país com quase 184 milhões de habitantes, segundo estimativas do Instituto Brasileiro de Geografia e Estatística (IBGE), e se destaca como a quinta nação mais populosa do mundo. Em 2008, cerca de 95% da população tinha acesso à rede elétrica. Segundo dados divulgados no mês de setembro pela Agência Nacional de Energia Elétrica (Aneel), o país conta com mais de 61,5 milhões de unidades consumidoras em 99% dos municípios brasileiros. Destas, a grande maioria, cerca de 85%, é residencial. As características físicas e geográficas do Brasil foram determinantes para a implantação de um parque gerador de energia elétrica de base predominantemente hidráulica. Nosso sistema hidrelétrico foi planejado entre 1951 e 1956, dando sustentação ao forte impulso do País rumo à industrialização e ao desenvolvimento. Hoje, o Brasil dispõe de um dos maiores parques hidrelétricos do mundo, respondendo por quase 90% do total de energia elétrica gerada internamente. Isso, no entanto, não significa que podemos ficar tranquilos.

Para produzir a energia hidrelétrica é necessário integrar a vazão do rio, a quantidade de água disponível em determinado período de tempo e os desníveis do relevo, sejam eles naturais, como as quedas d'água, ou criados artificialmente.

Nos últimos 40 anos, a população brasileira mais que triplicou, e a demanda por energia elétrica cresceu de forma exponencial. Segundo dados divulgados no mês de setembro pela Agência Nacional de Energia Elétrica (Aneel), o país conta com mais de 61,5 milhões de unidades consumidoras em 99% dos municípios brasileiros. Destas, a grande maioria, cerca de 85%, é residencial, que não para de subir. Isso se deve não apenas ao aumento da população, mas também à crescente incorporação de novos aparelhos e equipamentos eletroeletrônicos.

3.2 -Energia termelétrica

A energia termelétrica (ou calorífica) é produzida pela queima de combustíveis fósseis (petróleo, carvão, óleo diesel e gás natural).

No Brasil, as usinas termelétricas passaram a ganhar força em virtude da evolução tecnológica, do crescimento da malha de gasodutos e da maior facilidade em se adquirir o gás natural, combustível principal desse tipo de unidade geradora.

Em uma usina termelétrica, o combustível armazenado em tanques é enviado à usina para ser queimado na caldeira, que gera vapor a partir da água que circula por tubos em suas paredes. O vapor movimenta as pás de uma turbina, ligada diretamente a um gerador de energia elétrica.

As usinas que produzem simultaneamente calor e eletricidade são chamadas de usinas de cogeração. Veja a seguir os combustíveis que podem movimentar as termelétricas.

• **Gás natural:** As reservas de gás natural formaram-se há milhões de anos a partir da sedimentação do plâncton. Sua combustão libera óxido de nitrogênio e também dióxido de carbono, embora este último em quantidades menores que o petróleo e o carvão.

• **Petróleo:** As termelétricas também podem operar a partir da queima de derivados de petróleo, que se formou durante milhões de anos pelas transformações químicas de materiais orgânicos, como os plânctons. Quando queimados, os derivados do petróleo (gasolina, óleo combustível, óleo diesel etc.) produzem gases contaminantes, como monóxido de carbono, óxidos de nitrogênio e dióxido de carbono, que poluem a atmosfera e contribuem para o aquecimento da Terra e para a formação de chuva ácida, entre outros efeitos nocivos.

• **Carvão mineral:** Outro combustível muito usado em termelétricas é o carvão mineral – que também se formou há milhões de anos a partir de plantas e animais. É o pior combustível não renovável, pois sua combustão emite grandes quantidades de óxidos de nitrogênio e enxofre, que provocam acidificação (chuva ácida), além de agravar doenças pulmonares, cardiovasculares e renais nas populações próximas. A queima do carvão também libera dióxido de carbono, que contribui para o aumento do efeito estufa. Segundo os dados da Agência Internacional de Energia, até 1997, o carvão era a segunda principal fonte de energia mundial. Os mesmos dados apontam a China, os Estados Unidos e a Índia como os maiores produtores mundiais de carvão. Motivos econômicos e ambientais, que relacionam a queima desse combustível com a acidificação das chuvas e outros efeitos da poluição atmosférica, contribuíram para a redução de 5% no consumo durante a década de 90.

3.4 - A energia nuclear

É a energia liberada por uma reação denominada fissão nuclear – no reator nuclear, os núcleos dos átomos são bombardeados uns contra os outros, provocando o rompimento dos núcleos e a liberação de energia. Esse processo resulta em radiação e calor, que por sua vez transforma a água em vapor. A pressão resultante é usada para produzir eletricidade.

A matéria-prima para a produção da energia nuclear é o minério de urânio, um metal pouco menos duro que o aço, encontrado em estado natural nas rochas da crosta terrestre. Desse minério é extraído o átomo de urânio utilizado na geração nuclear. Seu uso é muito questionado, tanto pelos problemas de contaminação resultantes da extração do urânio, como pelas dificuldades de depósito final dos dejetos radioativos. Além disso, assim como em outros tipos de usinas termelétricas, frequentemente a água empregada nos sistemas de refrigeração, quando lançada nos corpos d'água, aumenta a temperatura e prejudica a biodiversidade local.

3.5 - Energias renováveis

A energia solar processada por células fotovoltaicas converte a luz do Sol em energia elétrica diretamente e já poderia ser amplamente utilizada no Brasil. Existem alguns estudos e caminhos de sucesso consolidados no mundo inteiro, mas aqui essas tecnologias são pouco consideradas.

> ...o Brasil reúne todas as condições para se tornar um laboratório mundial, da transição para as energias renováveis, devendo aproveitar sua biodiversidade para avançar no sentido da invenção de uma biocivilização moderna, baseada no uso múltiplo das biomassas como alimento humano, ração animal, bioenergias, materiais de construção, fibras, plásticos e demais produtos da biorefinação, fármacos e cosméticos. (SACHS, 2009, p.8)

A energia eólica, produzida basicamente a partir do vento, é um potencial inexplorado para a solução do problema da energia elétrica brasileira. É obtida da energia cinética – do movimento – gerada pela migração das massas de ar provocadas pelas diferenças de temperatura existentes na superfície da Terra. No contexto ambiental é o processo de geração de energia elétrica mais limpa do planeta e o aumento no uso das energias renováveis também beneficia um outro negócio importante que é a venda de créditos de carbono. O Brasil representa, hoje, apenas 4% das emissões de gases na atmosfera.

Biogás

O biogás é uma das mais favoráveis ao meio ambiente. Sua aplicação permite a redução dos gases causadores do efeito estufa e contribui com o combate à poluição do solo e dos lençóis freáticos. Isto porque o biogás é obtido da biomassa contida em dejetos (urbanos, industriais e agropecuários) e em esgotos. Essa biomassa passa naturalmente do estado sólido para o gasoso por meio da ação de microorganismos que decompõem a matéria orgânica em um ambiente anaeróbico (sem ar). Neste caso, o biogás também é lançado à atmosfera e passa a contribuir para o aquecimento global, uma vez que é composto por metano (CH_4), dióxido de carbono (CO_2), nitrogênio (N_2), hidrogênio (H_2), oxigênio (O_2) e gás sulfídrico (H_2S). A utilização do lixo para produção de energia permite o direcionamento e utilização deste gás e a redução do volume dos dejetos em estado sólido.

Outro potencial de gerador de energia elétrica é o mar. o aproveitamento das marés, correntes marítimas, ondas, energia térmica e gradientes de salinidade, segundo o estudo sobre Fontes Alternativas inserido no Plano Nacional de Energia 2030. A eletricidade pode ser obtida a partir da energia cinética (do movimento) produzida pelo movimento das águas ou pela energia derivada da diferença do nível do mar entre as marés alta e baixa.

Biocombustíveis ou biomassa

O desenvolvimento de biocombustíveis é uma resposta da humanidade às mudanças climáticas, no entanto cabe aqui, uma primeira indagação: biocombustíveis ou agrocombustíveis? No momento, a discussão sobre os biocombustíveis tem sido mais um processo de "salvação da lavoura" do que uma séria política de economia alternativa e de sustentabilidade ambiental. O que temos visto é que sob a ótica governamental tem prevalecido mais a política de "agrocombustíveis", com o governo pensando apenas na questão da agricultura. Por outro lado, o "biocombustível" ou a biomassa é na opinião de vários especialistas uma verdadeira saída para os problemas postos pela crescente crise energética mundial. Esse é de princípio um problema capital.

A biomassa é matéria de origem orgânica que pode ser usada como combustível em usinas termelétricas, com a vantagem de ser uma fonte renovável. Um exemplo de biomassa é a lenha. Podemos dizer que a lenha é renovável somente quando o ritmo de extração está em equilíbrio com o de reflorestamento. Caso contrário, ela perde seu caráter de renovabilidade, colocando em risco a sobrevivência das florestas. Segundo a Aneel, a biomassa é uma das fontes para produção de energia com maior potencial de crescimento nos próximos anos. Tanto no mercado internacional quanto no interno, ela é considerada uma das principais alternativas para a diversificação da matriz energética e a consequente redução da dependência dos combustíveis fósseis. Dela é possível obter energia elétrica e biocombustíveis, como o biodiesel e o etanol, cujo consumo é crescente em substituição a derivados de petróleo como o óleo diesel e a gasolina.

A produção de biomassa pode ocorrer pelo aproveitamento de lixo residencial e comercial, ou de resíduos de processos industriais, como serragem, bagaço de cana e cascas de árvores ou de arroz. A biomassa representa um grande potencial energético para o Brasil, que é tradicionalmente um grande produtor de cana-de-açúcar, uma matéria-prima que pode ser integralmente aproveitada. Além da produção de açúcar, a cana é amplamente utilizada para a produção de álcool combustível, uma alternativa que contribui para reduzir o consumo de combustíveis fósseis. Mais limpo que a gasolina e o diesel, principalmente quanto à emissão de monóxido de carbono e hidrocarbonetos, o álcool vem sendo empregado no Brasil desde 1974, quando foi implantado o Programa Nacional do Álcool.

Em 2003 surgiu no Brasil a primeira geração de veículos bi-combustível, que podem utilizar tanto álcool como gasolina. Como o preço do álcool é menor, a expectativa é de que os bi-combustíveis (flex fluel) se popularizem e o uso do álcool combustível volte a crescer.

A biomassa é responsável, no Brasil, por cerca de 30% da Oferta Interna de Energia (OIE) e junto com outras energias renováveis como a hidráulica, a eólica e a solar, continuarão a manter no próximo futuro, uma presença ponderável na matriz energética brasileira, da ordem de 50%. O Brasil é um país que tem a matriz energética mais limpa do planeta. Até 2017 o Brasil produzirá 6,2 mil megawatts de energia proveniente da biomassa, do vento e de pequenas hidrelétricas.

Num universo riquíssimo em variedades de opções, podemos, por exemplo, falar do sebo bovino, matéria prima barata e de boa disponibilidade no mercado. O sebo bovino é uma alternativa para aqueles que advogam que não se pode só pensar em fontes de óleos vegetais para biodiesel. A boa oferta disponível no país, torna o sebo bovino uma das matérias-primas mais cotadas para produção do biodiesel na atualidade.

O grande desafio do Brasil é dobrar sua produção agrícola sem desmatar. Conseguirá? Se apostar em combustíveis de origem vegetal, em minha opinião não fugirá ao crescente desmatamento. Nosso país produz estudos e pesquisas sobre o biodiesel desde 1975 e temos em funcionamento 23 usinas de processamento do biocombustível. Isto não é pouco. Mas não basta é preciso avançar e acreditar mais no poder da biomassa.

Mas o petróleo ainda reina soberano. Não devemos esquecer que enquanto houver reserva de petróleo a serem prospectadas, e isto deve levar mais uns 50 anos (em que pese a descoberta do pré-sal no litoral brasileiro), não haverá muito interesse das grandes potências mundiais no assunto biocombustíveis.

Como vivemos numa sociedade capitalista, devemos pensar na ótica da escala de produção e neste aspecto são grandes os problemas de viabilidade econômica para a produção de biodiesel ou de outro tipo de biocombustível.

O etanol a partir da cana-de-açúcar tem um balanço energético do seu ciclo produtivo (energia injetada versus energia obtida) de 8 por 1 sendo cerca de 4 vezes superior ao de outros vegetais, como o milho. Seus resíduos (bagaço e folhas) possuem um conteúdo energético que é duas vezes maior que o do caldo ora extraído, possibilitando a sua recuperação para produção da bioeletricidade via sistemas de cogeração nas próprias usinas. Trata-se de energia elétrica renovável, limpa, de baixo impacto ambiental, de rápida implementação, plenamente disponível no coração dos centros de consumo. Ela pode complementar a sazonalidade hidrelétrica, agregando valor ao ciclo produtivo do setor sucroalcooleiro e contribuindo para mitigar um cenário de possível escassez de energia elétrica do país.

Com o adequado aproveitamento desses 2/3 de energia da cana de açúcar até agora desperdiçados no campo, no processo industrial e na queima ineficiente dos resíduos vegetais e considerando apenas as usinas propostas até 2013, com uma produtividade de 160 kWh/t de cana, haveria um potencial de geração de energia elétrica de no mínimo, 48.000 GWh/ano, equivalentes a uma potência firme de 5,5 gigawatts médios. Estes números representam 10% da atual produção de eletricidade do Brasil e têm a mesma ordem de grandeza da energia firme das futuras usinas do Madeira, porém com investimentos e prazos menores além de prescindirem dos custosos sistemas de transmissão. As ações exigidas para melhor utilização dessa fonte disponível estão centradas em três premissas: 1) aumento da eficiência dos processos industriais para incremento do superávit de bagaço, 2) colheita da cana sem queima, como já acordado no Estado de São Paulo (até antecipando a lei) e 3) aplicação de tecnologia mais eficiente na cogeração de energia elétrica.

4. O Consumo Insustentável

> Enquanto a pobreza tem como resultado determinados tipos de pressão ambiental, as principais causas da deterioração ininterrupta do meio ambiente mundial são os padrões insustentáveis de consumo e produção, especialmente nos países industrializados. Motivo de séria preocupação, tais padrões de consumo e produção provocam o agravamento da pobreza e dos desequilíbrios. (Capítulo 4 da Agenda 21)

O que está em jogo, de fato, é a disposição das sociedades em reduzir e alterar drasticamente a forma de consumo, redefinir o modelo de produção e a ideia mesmo de desenvolvimento; e, em passar a medir o êxito de um país por seus indicadores sociais e ambientais, e não mais apenas por sua riqueza financeira. A abundância dos bens de consumo, continuamente produzidos pelo sistema industrial, é considerada, frequentemente, um símbolo do sucesso das economias capitalistas modernas. No entanto, esta abundância passou a receber uma conotação negativa, sendo objeto de críticas que consideram o consumismo um dos principais problemas das sociedades industriais modernas. Os bens, em todas as culturas, funcionam como manifestação concreta dos valores e da posição social de seus usuários.

A pet já responde por uns 5% do lixo urbano no país e pode aumentar sendo levadas para aterros e que podem levar séculos para se degradar. Entopem as ruas e nossos esgotos. A responsabilidade pós-consumo é fundamental. Nem tudo pode ser reciclado. Bebendo e comendo vamos gerando problemas ambientais graves. A procura por produtos reciclados deve aumentar. Consumir de forma consciente é consumir de modo diferente sempre pensando nos possíveis impactos dos nossos atos.

Mas como deixar nossos impulsos? Procure sempre verificar se você está comprando por impulso ou por necessidade.

Dentro da esfera do consumo cada um deve fazer o melhor, o seu melhor, dentro do que é possível. O consumo consciente é uma ferramenta para construir a sustentabilidade do planeta.

5. Agenda 21

> A Agenda 21 não é um documento normativo, pois não obriga as nações signatárias, mas sim um documento ético que se reduz a um compromisso por parte delas. Não é um documento técnico, mas político. (GADOTTI, 2004, p.25)

A Conferência das Nações Unidas sobre o Meio Ambiente e Desenvolvimento – ECO 92, no Rio de Janeiro, teve como um dos seus principais resultados a assinatura da Agenda 21, aprovada por 170 chefes de Estado do mundo. O elenco de medidas socioambientais presente na Agenda 21, aprovado por todas as nações trata dos princípios e conceitos focados no desenvolvimento sustentável. Contém mais de 2.500 recomendações para criar melhores condições para a população mundial e a preservação do meio ambiente, no próximo século. Constitui um programa de ação para implementar um modelo de desenvolvimento sustentável que leve à compatibilização das atividades econômicas com os recursos naturais e a qualidade de vida das populações.

A Agenda 21 está dividida em 4 seções: Dimensões Sociais e Econômicas, Conservação e Gerenciamento dos Recursos para o Desenvolvimento, Fortalecimento dos Principais Grupos Sociais e os Meios de Implementar as Ações Propostas. Seus temas são abordados de forma abrangente. Sua relevância se prende ao fato de oferecer opções práticas que podem ser implementadas e por destacar o papel de cada um dos diversos segmentos que compõem a sociedade. Seus programas de ação estão alicerçados na ideia de que a população, o consumo e a tecnologia são fundamentais para a mudança ambiental na Terra. A colaboração entre as nações é enfatizada como forma de se alterar o quadro de pobreza e degradação ambiental que domina nas sociedades no mundo atual.

> A essência fundamental da Agenda 21 é que esse documento foi negociado previamente e pactuado entre as nações, mudando a forma como o tema era tratado até então. Transformou-se em um documento estratégico abrangente – em nível planetário, nacional e local – com o fim de promover um novo padrão de desenvolvimento que pode conciliar a proteção ambiental com justiça e eficiência econômica. (GADOTTI, 2004, p. 25)

A Agenda 21 foi elaborada com o propósito de oferecer um cardápio bastante amplo de ações em diversos setores e áreas do desenvolvimento que deveriam ser implementadas antes do início do século 21.

5.1 - A agenda 21 brasileira

Em julho de 2002, data bem próxima da Rio+10, o governo federal lançou oficialmente a Agenda 21 Brasileira. Cumpria, assim, expectativa criada pela Agenda 21 global, programa de ação subscrito pelos países participantes da Rio 92, dos quais o Brasil foi primeiro signatário. No texto internacional constava o compromisso dos países de formularem documentos similares, contemplando as especificidades, para chegar aos mesmos objetivos.

O complexo percurso de elaboração da brasileira tivera início em 1997, com a instalação da Comissão de Políticas de Desenvolvimento Sustentável e da Agenda 21 Brasileira (CPDS). Coordenada pelo MMA e composta por 10 membros da sociedade civil e governo, essa comissão começou estabelecendo seis áreas temáticas para uma consulta nacional: 1- agricultura sustentável, 2- cidades sustentáveis, 3- infraestrutura e integração regional, 4- gestão dos recursos naturais, 5- redução das desigualdades sociais e 6- ciência e tecnologia para o desenvolvimento sustentável.

Num processo de planejamento participativo, durante cinco anos foram mobilizadas/os mais de 40 mil brasileiras/os através de eventos nas 27 unidades da Federação. Um documento-síntese denominado Bases para a Discussão fora lançado em 2000, para subsidiar o debate. Em maio de 2001, segundo a CPDS, já havia 5,8 mil propostas, relativas às seis áreas temáticas. Mas o documento final só sairia em 2002.

De uma plataforma de 21 ações temáticas anunciadas no lançamento, duas usavam palavras do mundo da educação: "educação permanente para o trabalho e a vida" e "pedagogia da sustentabilidade: ética e solidariedade". Mas basta ler as demais, para ver que EA permeava tudo. Por exemplo, havia "produção e consumo sustentáveis contra a cultura do desperdício", e "promover a Agenda 21 local e o desenvolvimento integrado e sustentável".

Vale adiantar que, a partir do ano seguinte, a Agenda 21 Brasileira ganharia status de Programa do Plano Plurianual 2004-2007 (PPA) e a CPDS receberia a atribuição de implementá-la. Na época, estimava-se em 700 as agendas 21 de municípios brasileiros, em processo de construção. Mas outras iniciativas foram acontecendo, nos anos seguintes.

No âmbito do Ministério do Meio Ambiente, em agosto de 2005, começaria um processo de convergência entre os programas Agenda 21 e Municípios Educadores Sustentáveis (MES), programa voluntário idealizado pela diretoria de EA para conjuntos de municípios. Com isso, cada região que abraçasse o programa MES seria estimulada a criar seu Fórum da Agenda 21, entre outras atividades conjuntas.

Mas qualquer instituição poderia construir sua Agenda 21. Nas escolas, segundo especialistas, viu-se

que elas constituem uma ferramenta de EA capaz de envolver estudantes, corpo docente, funcionárias/os e a comunidade do entorno. A partir de 2004, elas começaram a se multiplicar na rede pública de ensino, como efeito da formação das Comissões de Meio Ambiente e Qualidade de Vida na Escola (Com-Vidas), apoiadas pela Coordenação Geral de EA do MEC.

5.2 - A Agenda 21 Local

Estabelece um processo de desenvolvimento sustentável e de construção entre parcerias (tanto do poder público quanto da sociedade) e de construção de parcerias entre autoridades locais e outros setores. É um processo contínuo e não um único acontecimento, documento, ou atividade, que visa a manutenção dos recursos naturais com vistas a gerações futuras e não apenas à geração presente. Os principais desafios da Agenda 21 Local consistem no planejamento para ações compartilhadas e na construção de pactos entre os diversos setores para a elaboração de uma visão de futuro.

A Agenda 21 Local propõe planos de ação em diversos campos de atuação: saúde, transportes, educação, habitação, etc. Estas ações, por exemplo, podem ser: programas para a redução de resíduos sólidos, reciclagem etc; programas de melhorias habitacionais; programas de redução e de combate ao desperdício e poluição dos rios; programas e políticas culturais e fortalecimento e promoção de funcionários, compromisso do local de trabalho com as questões ambientais.

6. A Poluição

Segundo estudo do IBGE Indicadores do Desenvolvimento Sustentável (IDS) Brasil 2008, a poluição atmosférica brasileira mudou de perfil e as emissões industriais caíram (devido ao controle de emissões e mudanças das indústrias dos grandes centros), mas o ar é afetado negativamente pelo aumento da frota de veículos, fruto do desenvolvimento econômico e pela queima de mata, no Norte e no Centro-Oeste, e de cana-de-açúcar (queima da cana), no Nordeste, em Minas e em São Paulo.

Nas cidades os carros já saem das fábricas com catalizadores.

6.1 - Poluição Hídrica

A poluição hídrica emana de quatro fontes principais: esgotos domésticos, principais agentes de compostos orgânicos biodegradáveis nos sistemas aquáticos; despejos industriais em água residenciais, variando tanto em volume quanto em composição; despejos da agropecuária (fertilizantes, pesticidas, herbicidas) levados pela água de chuva aos rios e lagos; águas urbans de escoamento superficial" Pedro Roberto Jacobi. A escassez da água nos grandes centros urbanos – Revista Debates Sócio Ambientais Ano I n. 3 fev/mar/abr/mai de 1996, pág.2.

A poluição ambiental provocada por efluentes industriais, falta de tratamento sanitário, contaminação por resíduos químicos da agricultura, ocupação irregular de mananciais é a principal causa do crescimento da escassez de água para o consumo humano.

A poluição do ar, como já sabemos, tem provocado danos ao meio ambiente. Chuva ácida, aumento do efeito estufa e destruição da camada de ozônio são os sinais mais óbvios de que a Terra está sofrendo. Robert Angus Smith (climatologista inglês) foi quem usou pela primeira vez o termo "**chuva ácida**", em 1872, ao presenciar o fenômeno em Manchester (Inglaterra) no início da Revolução Industrial. Foi ele, também, o primeiro a relacionar o fenômeno com a poluição atmosférica. Os contaminantes industriais e o tráfego de veículos automotores produzem dióxido sulfúrico, óxidos de nitrogênio e hidrocarbonetos voláteis, que se misturam nas nuvens e reagem com a água e a luz solar para formar ácido sulfúrico e nítrico, sais de amônia e outros. Tais compostos caem sobre a terra em forma de partículas secas ou como chuva, neblina ou neve ácidas.

O dano provocado por essa precipitação ácida depende da capacidade do solo para neutralizá-la. A acidificação diminui o ritmo de crescimento da vegetação, assim como sua resistência à seca, às geadas e aos parasitas. Afeta também a saúde das pessoas, provocando doenças como bronquite, asma e rinite, assim como o aumento de doenças cardiovasculares. Corrói as construções e monumentos públicos e prejudica os rendimentos na agricultura.

Nos lugares onde o solo é muito ácido, corre-se o risco de que metais como o alumínio cheguem à água. A longo prazo, a biodiversidade pode ser afetada, assim como a qualidade da água subterrânea. As regiões do mundo que mais sofrem com a chuva ácida são os Estados Unidos, o Canadá e o norte da Europa.

O ozônio (O3) é um gás normalmente encontrado na alta atmosfera, onde forma uma tênue camada que nos protege dos raios ultravioleta do sol – a camada de ozônio, com 2 a 3mm de espessura. Mas quando ele se concentra no nível do solo, é muito tóxico e perigoso para os seres humanos, os animais e as plantas. O ozônio no nível do solo é produzido pelos gases emitidos na combustão interna dos motores, pelas indústrias e pelas usinas termelétricas não nucleares, bem como pela reação dos óxidos nitrosos e hidrocarbonetos à luz do sol. As condições ideais para a formação de ozônio se dão nos dias quentes e ensolarados, úmidos e sem ventos. Às vezes, os índices são mais altos fora da cidade do que no centro, pois o ozônio pode ser transportado a grandes distâncias.

Os motores a gasolina e a álcool necessitam de velas para produzir centelhas elétricas e queimar o combustível. Os motores a diesel não utilizam esse processo, pois queimam o combustível por aumento de pressão. Fumaça preta nos motores a diesel significa motor desregulado. Há uma entrada maior de combustível do que o necessário e, consequentemente, uma queima imperfeita – há desperdício e maior taxa de poluição. Fumaça branca em qualquer motor a explosão significa consumo de óleo lubrificante, ou seja, risco de fusão do motor e poluição por desleixo.

6.2 - Bicicleta uma alternativa saudável

Em muitos países a bicicleta é um importante meio de transporte, tanto de pessoas como de pequenas mercadorias. As bicicletas podem e devem ser integradas ao sistema de transporte, em especial para percorrer menores distâncias. Todavia, a adoção deste expediente passa pela viabilização da circulação das "magrelas", com atenção especial para a segurança dos ciclistas.

Na capital da Dinamarca, Copenhagem, vivem 1,3 milhão de pessoas. Um terço delas usa a bicicleta para ir e voltar do trabalho. Há alguns anos, foi implantado no centro da cidade um sistema de estacionamento chamado "bicicletas grátis": deposita-se uma moeda na entrada e, ao retirar a bicicleta do estacionamento, o dinheiro é devolvido. O uso de bicicletas como meio de transporte no Brasil é uma boa alternativa para cidades planas e para pequenas distâncias.

7. As mudanças climáticas

As emissões de gases poluentes e concentração de gás carbônico, ocasionadas pelas atividades agrárias e industriais descontroladas, o desmatamento crescente, a urbanização, tendo por base uma política de matriz energética degradadora, estão provocando mudanças climáticas de proporções globais, que afetam a saúde humana e a segurança da vida no planeta. O mundo passa por mudanças climática severas em grande medida devida a falta de previdência na questão ambiental.

7.1 - Nem tudo é catástrofe

Lembremos-nos de Bjorn Lomborg, economista dinamarquês, pesquisador da Escola de Negócios de Copenhague, autor do livro *O Ambientalista Cético (2001)* que é a fonte de citação de todos os que negam as evidências de que a Terra está esquentando por causa das atividades humanas. Lomborg considera exagerada a preocupação com o aquecimento global. Para ele o importante é focar na pesquisa e no desenvolvimento de tecnologias de fontes que não emitam carbonos (como por exemplo, investir nos painéis solares para que sejam mais baratos e acessíveis a todos). Lomborg, num capítulo específico sobre o aquecimento global, trata do avanço dos modelos computadorizados de previsão climática do IPCC e nos faz um alerta de que é importante compreender que o resultado das simulações dentro da visão de que "computadores são triturados de números e não bolas de cristal".

O desmatamento e a queimada é um fator de emissões, cerca de 20% do total das emissões globais decorrem dele. Os outros 80% vem da queima de combustíveis fósseis (carvão, petróleo e gás natural). A Amazônia em pé é um excelente negócio para o futuro do planeta. Corresponde a 72% das oportunidades de abatimento brasileiras.

Para muitos cientistas o combate para reverter os efeitos do aquecimento global concatenados.

Os relatórios do IPCC (Painel Intergovernamental sobre Mudanças Climáticas) órgão criado pela ONU e composta por cientistas de diversos países e áreas do conhecimento. Segundo o IPCC, os principais gases de efeito estufa são o CO_2 (dióxido de carbono) , o CH_4 (metano), o N_2O (óxido nitroso) entre outros, os dados preveem que o aquecimento global provocará alterações dramáticas em diversas partes do planeta tais como: elevação irreversível dos mares, com consequências e dos rios; maior incidência de tempestades e ciclones, com exacerbações de suas intensidades; impactos nos assentamentos humanos, nos sistemas de transportes e nos serviços urbanos devido as inundações, e consequências no aumento das pressões sobre a infraestrutura das cidades; escassez ou falta de água para uso doméstico em determinadas localidades e épocas do ano; redução do potencial de geração hidroelétrica; deterioração das condições de vida dos habitantes das regiões mais fortemente atingidas e que não possuam moradias apropriadas; aumento as migrações; declínio da qualidade do ar.

No caso brasileiro, para reduzir o efeito estufa faz-se necessário uma Política Nacional de Mudanças Climáticas em todos os níveis do estado e que obedeça a Convenção Quadro das Nações Unidas para a Mudança do Clima. O Governo Federal tem que tomar a dianteira diante da urgência da questão e realizar investimentos em sistemas de transporte coletivo público, em energias não renováveis e em campanhas permanentes de educação. Já estamos sofrendo as alterações do aquecimento global. Apenas o desmatamento, responde por 55% dos 2,8 milhões de toneladas de carbono. Estima-se que daqui a 20 anos represente 43%.

O relatório do Painel Intergovernamental sobre Mudanças Climáticas prevê um aumento da temperatura de até 6°C no mundo se nada for feito para conter o aquecimento desenfreado do planeta. O documento produzido pela Organização das Nações Unidas (ONU) também indica que até 2050 metade das áreas agrícolas da América Latina vai sofrer com a desertificação e a salinização, com prejuízos econômicos da ordem de US$ 300 bilhões por ano. Cientistas já conseguiram provar que o aquecimento global causado pela ação humana altera o regime de chuvas em todo o mundo.

7.2 - Pelas nossas ações

Devemos com urgência pensar e colocar em prática tecnologias sustentáveis, como energia solar, eólica (apesar dos ventos abundantes e da tecnologia disponível, a energia eólica caminha a passos de tartaruga), arquitetura sustentável, prédios verdes, agroecologia, carros híbridos entre outras. Porém, o que falta é investimento. Abundam idéias, sobram alternativas, mas não temos investimentos nestes setores fundamentais.

Todos nós contribuimos para o aquecimento global. Ao consumirmos demasiadamente em nossas residências, escritórios, fábricas estamos contribuindo para aumentar o aquecimento global. O mesmo efeito ocorre na quantidade de lixo que produzimos e no deslocamento que fazemos com nossos automóveis, entre outras atividades cotidianas.

Se nós, o povo, não podemos fechar os olhos para a questão, muito menos o governo! Cada um que faça a sua parte! Devemos, neste aspecto, esperar por milagres, ou cobrar com veemência uma atitude mais firme do governo?

Os signatários do *Pacto de Ação em Defesa do Clima* assumiram publicamente o compromisso baseado em dez pontos fundamentais, que sintetizamos a seguir:

1. Fim do desmatamento, com garantia de maior governança nas florestas na Amazônia, na Mata Atlântica e em outras regiões florestais brasileiras.

2. Fomento a iniciativas que visam a incorporar a matriz brasileira, de forma sustentável, energia proveniente de fontes renováveis.

3. Conscientização da sociedade quanto aos efeitos adversos da mudança do clima;

4. Identificação das vulnerabilidades do País à mudança climática.

5. Estabelecimento de metas de redução de emissões, com envolvimento de instituições públicas, privadas e da sociedade civil.

6. Ampliação da Comissão Interministerial de Mudanças do Clima, de forma a assegurar a participação ativa de outros setores da sociedade.

7. Pesquisas que promovam o valor econômico de nossa biodiversidade.

8. Consideração e priorização das questões socioambientais nos programas e nas ações dos Planos Plurianuais.

9. Estímulo à disseminação de exemplos positivos.

10. Fomento ao desenvolvimento de um mercado nacional para energias limpas como solar, eólica, pequenas centrais hidroelétricas e outras.

8. Sustentabilidade

Uma das noções difundidas no mundo inteiro pelas agências da Organização das Nações Unidas, principalmente a partir da ECO-92, no Rio de Janeiro, é a de Sustentabilidade, ou Desenvolvimento Sustentável. Apesar de sua ampla e crescente aceitação mundial, a noção de sustentabilidade é uma concepção controvertida ou polissêmica, pois pode ser (e tem sido) interpretada em diferentes contextos histórico-culturais, com significados diferentes (e até opostos entre si).

A sustentabilidade estimula permanentemente as responsabilidades éticas dos indivíduos, visando diferentes segmentos da sociedade, sobre os problemas ambientais, sociais econômicos e extra econômicos considerando a igualdade, justiça social e a ética dos seres vivos. A sustentabilidade não está voltada somente para uma sustentabilidade ecológica, apresenta também a dimensão ambiental, social, política, econômica, demográfica, cultural, institucional e espacial. Assim ela afirma que não podemos dissociar os fatores sociais dos ambientais.

Compreendemos que está em curso a constituição de uma ideologia do capitalismo que compreende a ecologia, assim como a política, a cultura −voltada para a prática de uma "economia sustentada". Entendemos que está em franco processo um modelo de capitalismo contemporâneo voltado para a chamada sustentabilidade. Diante da visão ocidental de mundo, entende-se por desenvolvimento uma coisa finita e contínua. A transformação da natureza sem fim. Natureza domesticada e controlada. Pregoa-se a fé cega no poder da tecnologia.

As críticas a este padrão de desenvolvimento ocorrem sob duas perspectivas. Na primeira; a natureza finita dos recursos naturais é um obstáculo para o desenvolvimento infinito - visão a partir dos meios-fim (biofísica) e a realidade colide com o imaginário. Daqui surge certos termos como "limites do crescimento", "ética do bote salva-vidas", "tragédia dos comuns". Na segunda, a entropia produzida pelo desenvolvimento infinito é perigosa para a humanidade - visão a partir dos objetivos-fim (moral) em que se discute a ausência de diretrizes morais ou de elementos espirituais na ideia de progresso ocidental. Resultado: poluição, degradação e destruição baseada na palavra de ordem "ecologia social".

Na Declaração do Meio Ambiente Humano, gerada a partir de uma conferência mundial promovida pela Organização das Nações Unidas, ONU, em Estocolmo, em 1972, define-se a necessidade de preservar os recursos naturais da Terra, em benefício das gerações atuais e futuras, através de "cuidadoso planejamento ou administração". O desenvolvimento econômico e social é entendido como "indispensável para assegurar ao homem um ambiente de vida e trabalho favorável e criar, na Terra, as condições necessárias à melhoria da qualidade de vida".

Para os países em desenvolvimento, é preconizada a promoção de "desenvolvimento acelerado, mediante a transferência maciça de recursos consideráveis de assistência financeira e tecnológica que complementem os esforços internos dos países em desenvolvimento e a ajuda oportuna, quando necessária".

A Comissão Mundial sobre Meio Ambiente e Desenvolvimento, 1988, produz o relatório final denominado Nosso Futuro Comum e nele o crescimento é entendido como essencial para minimizar a decadência, a pobreza e as dificuldades ambientais do mundo, concentrando-se em um tema fundamental: "muitas das atuais tendências de desenvolvimento resultam em um número cada vez maior de pessoas pobres e vulneráveis, além de causarem danos no meio ambiente. De que valia será tal desenvolvimento para o mundo do próximo século, quando haverá o dobro de pessoas a depender do mesmo meio ambiente?" ou entende o desenvolvimento como sustentável, acreditando ser este o "objetivo a ser alcançado não só pelas nações 'em desenvolvimento', mas também pelas industrializadas".

Portanto, a Comissão Bruntland considera o "desenvolvimento sustentável não um estado permanente de harmonia, mas um processo de mudança no qual a exploração dos recursos, a orientação dos investimentos, os rumos do desenvolvimento tecnológico e a mudança institucional estão de acordo com as necessidades atuais e futuras". Um conceito que não possui limites absolutos, mas limitações impostas pelo estado de avanço tecnológico, pela organização social face aos recursos naturais e pela habilidade da biosfera em absorver os impactos antrópicos, além de empenho político.

8.1 - O ecodesenvolvimento

Ecodesenvolvimento parte do pressuposto a existência de cinco dimensões, a saber: sustentabilidade social (equidade na distribuição de renda e de bens); sustentabilidade econômica (gerenciamento eficiente dos recursos); sustentabilidade ecológica (limitar consumo de combustíveis fósseis, redução de resíduos e poluição, normas adequadas de proteção ambiental); sustentabilidade espacial (redução da concentração nas metrópoles, práticas modernas e regenerativas de agricultura, exploração da industrialização descentralizada, criar redes de reservas naturais) e sustentabilidade cultural (procura das raízes endógenas de modelos de modernização e de sistemas agrícolas integrados), introduzindo um importante dimensionamento da sua complexidade. Esses princípios articulam-se com as teorias de autodeterminação que estavam sendo defendidas pelos países não-alinhados desde a década de 60.

O ecodesenvolvimento aspira "a definir um estilo de desenvolvimento particularmente adaptado às regiões rurais do Terceiro Mundo, o que não significa que não se possa estendê-lo às cidades" afirma Sachs (2007, p.61). Para este autor "o ecodesenvolvimento é um estilo de desenvolvimento em cada ecoregião, insiste na busca de soluções específicas para seus problemas particulares, levando em conta não só os dados ecológicos, mas também os culturais, bem como as necessidades imediatas e de longo prazo" (p.64).

O ecodesenvolvimento propõe ações que explicitam a necessidade de tornar compatíveis a melhoria nos níveis de qualidade de vida e a preservação ambiental. O ecodesenvolvimento apresentava-se mais como uma estratégia alternativa à ordem econômica internacional, enfatizando a importância de modelos locais baseados em tecnologias apropriadas, em particular para as zonas rurais, buscando reduzir a dependência técnica e cultural.

Os pressupostos do ecodesenvolvimento e outras formulações desenvolvidas nos anos 70 conseguiram introduzir o tema ambiental nos esquemas tradicionais de desenvolvimento econômico prevalecentes na América Latina e, a partir deles, avançou-se na adoção de políticas ambientais mais estruturadas e consistentes. Esse processo configura-se a partir da implementação de análises setoriais e específicas que permitiram introduzir propostas, notada mente relativas ao manejo de recursos.

O ecodesenvolvimento surge para dar uma resposta à necessidade de harmonizar os processos ambientais com os socioeconômicos maximizando a produção dos ecossistemas para favorecer as necessidades humanas presentes e futuras.

O ecodesenvolvimento apresentava-se o para que as correlações de forças dentro do sistema dominante lhe permitissem extrapolar princípios aceitáveis, desde os níveis locais/ microrregionais até a escala global, em que se explicitam atualmente os problemas do meio ambiente, do desenvolvimento e da ordem mundial. Muitos desses esforços foram esvaziados ou perderam impulso durante os anos 80, apesar da crescente atuação do movimento ambientalista, em virtude da centralidade que assume a crise econômica. Entretanto, cabe ressaltar que, se no terreno prático o tema foi esvaziado, o mesmo não ocorreu no plano teórico, na medida em que foi desenvolvida vasta produção intelectual e cientifica.

Sachs preconiza que para a realização do ecodesenvolvimento é necessária a constituição de três pilares dessa nova proposta: a eficiência econômica, a justiça social e a prudência ecológica "pilares que certamente não estão presentes no atual modelo de desenvolvimento" questiona Guimaraes (2005, p.92)

8.2 - O desenvolvimento sustentável

O conceito de desenvolvimento sustentável é o de desenvolvimento que satisfaz as necessidades do presente sem comprometer a capacidade de as futuras gerações satisfazerem suas próprias necessidades e deve ser visto como um ideal a ser atingido. Para isso, devem ocorrer mudanças tanto nos padrões produtivos como nos padrões de consumo dos indivíduos.

> A noção de desenvolvimento sustentável tem como referência central a possibilidade de extinção da Terra e da espécie humana. Existe uma certa ilusão acerca desta noção, pois os seus mecanismos de operacionalidade não

estabelecem como, onde e quando romper com a forma clássica de desenvolvimento. (FREITAS, 2004, p.13)

Frequentemente observa-se o conceito de desenvolvimento sustentável como ideia-força integradora, apesar do consenso que tem sido construído e que serve para impulsionar os enfoques integradores entre meio ambiente e desenvolvimento, assim como de forma paralela entre economia e ecologia. Pode-se afirmar que a transcendência do enfoque sobre o desenvolvimento sustentável radica-se mais na sua capacidade de ideia-força, nas suas repercussões intelectuais e no seu papel articulador de discursos e de práticas atomizadas e que, apesar de seguirem fragmentados, têm uma matriz única, originada na existência de uma crise ambiental, econômica e também social.

O desenvolvimento sustentável somente pode ser entendido como um processo em que, de um lado, as restrições mais relevantes estão relacionadas com a exploração dos recursos, a orientação do desenvolvimento tecnológico e o marco institucional.

A Educação Ambiental aproveita o conceito para desenvolver projetos de preservação e utilização dos recursos naturais.

A ideia de desenvolvimento sustentável vai muito além, portanto, das questões estritamente ambientalistas ou ecológicas e trata de temas como governabilidade, democracia, cidadania e respeito à vida. Tanto que os três pilares desse modelo, definidos na Cúpula Mundial de Desenvolvimento Sustentável, que aconteceu em 2002, em Joanesburgo, África do Sul, são o desenvolvimento econômico, o desenvolvimento social e a proteção ambiental. Na verdade, trata-se de uma abordagem que se alia à ideia holística de desenvolvimento humano. Segundo os especialistas, não existe real desenvolvimento humano que não seja sustentável, ou seja, que não garanta a capacidade das gerações futuras de atender a suas necessidades.

8.3 - A sustentabilidade agrícola. As alternativas ecológicas

Na antiguidade, a humanidade se alimentava de caça, pesca e vegetais coletados diretamente na natureza, de forma que não havia segurança alimentar. Com os movimentos migratórios ou a extinção de algumas populações por falta de alimentos distintos grupos étnicos passaram a domesticar animais e plantas, cultivá-los e armazenar os excedentes da produção, para garantir a alimentação nos períodos críticos de maior escassez de alimentos. Nasce a agricultura.

Só muito recentemente, com o advento da Revolução Industrial, a humanidade passou a utilizar técnicas mais artificiais na produção agrícola. Foram incorporados ao processo produtivo os adubos químicos ou "defensivos agrícolas", os tratores e os implementos mecânicos dependentes de petróleo. No Brasil isso ocorre somente após a primeira metade deste século.

A introdução de tais tecnologias na agricultura trouxe consigo alguns avanços: a dieta alimentar diversificou-se e ganhou qualidade, foi incrementada a produtividade do trabalho nas propriedades agrícolas, assim Entretanto, muitas áreas produtivas degradaram-se irreversivelmente devido a um manejo inadequado. Reduziu-se a eficiência energética e elevaram-se os custos de produção dos alimentos, com a adoção de um modelo tecnológico altamente dependente dos insumos químicos, mecânicos e do petróleo. Destruíram-se vastas extensões de florestas naturais e extinguiu-se um grande número de espécies vegetais e animais. Reduziu-se o número de empregos no campo e concentrou-se a posse da terra. Aumentaram os problemas com as pragas e doenças na agricultura, as doenças degenerativas humanas e a intoxicação de trabalhadores rurais e consumidores. Tal modelo tecnológico foi fomentado pelos governos, articulados com as indústrias petroquímica e mecânica, até muito recentemente alheias aos impactos econômicos, sociais e ambientais resultantes.

Os agroquímicos estão poluindo irreversivelmente o ambiente. Foram encontrados resíduos de agrotóxicos em animais de regiões onde estes produtos nunca foram utilizados, como animais polares. Os agrotóxicos e os adubos nitrogenados são os maiores responsáveis pela contaminação dos recursos hídricos superficiais e subterrâneos - extensas regiões da Europa e EUA não têm mais água potável para o consumo humano e animal.

8.4 - Alternativa, agroecologia – alimento saudável e politicamente correto

Cresce as vertentes que enfatizam o desenvolvimento de sistemas de produção agrícola fundamentados na ecologia de cada região. A agricultura orgânica é um patrimônio da sociedade contra o monopólio das grandes corporações. A agricultura sustentável baseia-se na cultura capaz de autorregenerar a partir dos próprios ciclos ou pelo manejo humano sem o uso de insumos químicos. Ao contrário das fábricas e do setor de serviços, a agricultura é um setor eminentemente biológico, pois trabalha com seres vivos.

Verifica-se que a pesquisa do ambiente e solo contribui para o sucesso da agroecologia.

Os métodos orgânicos de produção se preocupam com o uso mais adequado e eficiente dos recursos disponíveis, com a reciclagem de todos os resíduos com uso potencial na agricultura, com a redução da dependência de insumos externos. Cada propriedade agrícola deve ser orientada segundo os condicionantes ecológicos, sociais, econômicos, culturais, bem como segundo a potencialidade dos recursos produtivos disponíveis local e regionalmente. Esses sistemas de produção buscam a redução dos impactos causados pela agricultura moderna. Fundamentam-se, portanto, em métodos naturais, condenam o uso dos agrotóxicos e dos adubos químicos solúveis, produzindo, assim, alimentos isentos de resíduos químicos tóxicos ao ser humano e de maior valor nutricional.

A agroecologia é o modelo de agricultura que mais se aproxima do modelo sustentável de produção de alimentos. Cada vez mais difundida no Brasil, leva em conta um conjunto de fatores, como a preservação da biodiversidade, o equilíbrio do fluxo de nutrientes, a conservação da superfície do solo, a utilização eficiente da água e da luz e a manutenção de um nível alto de fitomassa total e residual na propriedade. Além disso, inclui os fatores sociais, como a geração de trabalho e renda, a promoção de educação, do aperfeiçoamento técnico e da qualidade de vida, além do estímulo ao associativismo e ao cooperativismo, de forma a reforçar o enraizamento das famílias rurais. Assim entendida, a mudança para um modelo de agricultura é muito mais que apenas inserir práticas de agricultura alternativa no sistema de produção, sejam elas relacionadas às agriculturas biodinâmicas, ecológicas ou orgânicas.

A agricultura orgânica, que não emprega insumos químicos, já é praticada comercialmente em muitos países. Do ponto de vista ambiental, é uma boa alternativa. Porém, os preços de alguns produtos ainda são mais elevados do que os dos alimentos convencionais. A razão é a demanda ser muito maior do que a oferta, e não porque o custo de produção seja maior. Isso faz com que o consumo de alimentos orgânicos seja ainda um privilégio das classes econômicas mais favorecidas. CONSUMO SUSTENTÁVEL: Manual de educação. Brasília: Consumers International/ MMA/ MEC/ IDEC, 2005.

A agricultura orgânica é um sistema de gerenciamento total da produção agrícola com vistas a promover e realçar a saúde do meio ambiente. A ideia básica é a reciclagem dos resíduos orgânicos e o controle das pragas e doenças a um sistema de rotação de culturas.

8.5 - Agroecologia

A agroecologia é mais indicado para a agricultura familiar, ambas caminham juntas. Um mito a ser quebrado é a ideia de que para ser ecológico o produto tem que ser feio. A agroecologia é o modelo de agricultura que mais se aproxima do modelo sustentável de produção de alimentos. Cada vez mais difundida no Brasil, leva em conta um conjunto de fatores, como a preservação da biodiversidade, o equilíbrio do fluxo de nutrientes, a conservação da superfície do solo, a utilização eficiente da água e da luz e a manutenção de um nível alto de fitomassa total e residual na propriedade. Além disso, inclui os fatores sociais, como a geração de trabalho e renda, a promoção de educação, do aperfeiçoamento técnico e da qualidade de vida, além do estímulo ao associativismo e ao cooperativismo, de forma a reforçar o enraizamento das famílias rurais. Assim entendida, a mudança para um modelo de agricultura é muito mais que apenas inserir práticas de agricultura alternativa no sistema de produção, sejam elas relacionadas às agriculturas biodinâmicas, ecológicas ou orgânicas.

A agricultura orgânica, que não emprega insumos químicos, já é praticada comercialmente em muitos países. Do ponto de vista ambiental, é uma boa alternativa. Porém, os preços de alguns produtos ainda são mais elevados do que os dos alimentos convencionais. A razão é a demanda ser muito maior do que a oferta, e não porque o custo de produção seja maior. Isso faz com que o consumo de alimentos orgânicos seja ainda um privilégio das classes econômicas mais favorecidas. A agroecologia praticada no Brasil resgata o trabalho de antigos agrônomos brasileiros, que desenvolveram técnicas adaptadas aos trópicos antes do advento da Revolução Verde.

A agroecologia pressupõe harmonizar as atividades produtivas ao tipo de solo, clima e variedades mais indicadas ao local.

9. A Qualidade de Vida

A Declaração da Conferência das Nações Unidas sobre Meio Ambiente e Desenvolvimento, ocorrida no Rio de Janeiro em 1992, segundo Leff "colocou a qualidade de vida no centro de seus objetivos" ao afirmar como "fim último do desenvolvimento sustentável o pleno desenvolvimento das capacidades afetivas e intelectuais de todo ser humano".

O conceito de qualidade de vida é complexo e depende fundamentalmente das características do meio ambiente onde se dá. Viver nas grandes cidades é muito difícil! A qualidade de vida deve, portanto ser entendida como as condições de vida humana existentes num determinado ambiente histórico, geográfico e cultural. Assim qualidade de vida é a soma de como todos os elementos que formam o meio ambiente existem no entorno do homem.

A relação desenvolvimento sustentável e qualidade de vida é muito próxima. Como afirma Leff (2001, p.324) "a qualidade de vida depende da qualidade do ambiente". Na cidade a qualidade de vida é produzida. Para uma boa qualidade de vida ela deve ser produzida de forma socialmente justa, ambientalmente saudável e economicamente viável. Fim das vantagens individuais... A valorização da existência também faz parte da qualidade de vida, assim como a percepção que o indivíduo tem do seu ambiente.

> A questão da qualidade de vida irrompe no momento em que a massificação do consumo converge com a deterioração do ambiente, a degradação do valor de uso das mercadorias, o empobrecimento crítico das maiorias e as limitações do estado para prover os serviços básicos a uma crescente população marginalizada dos circuitos da produção e do consumo. (LEFF, 2001, p. 321)

Os indicadores de qualidade de vida de uma cidade são fundamentais. Devemos saber como evoluiu a mortalidade infantil, os níveis de poluição, o saneamento e os gastos públicos com saúde, educação e habitação. Indicadores de transporte, por exemplo é um dos principais itens que faz uma cidade ser sustentável e geradora de boa qualidade de vida. A qualidade de vida deve ser crescentemente internalizada e assumida pelas políticas públicas tendo como elemento determinante a intersetorialidade das ações para criar condições para a implementação de políticas orientadas para a melhoria na qualidade ambiental e no desenvolvimento realmente sustentável das cidades.

10. A Responsabilidade Social nas empresas

A responsabilidade socioambiental é imprescindível para a sobrevivência das gerações futuras e para a sustentabilidade empresarial. Constitui-se numa nova forma das escolas agirem de forma responsável junto à sociedade.

As empresas devem estar atentas para que suas atividades não agridam o meio ambiente, diminuindo a emissão de poluentes que possam causar danos à saúde humana, mortandade de animais ou na destruição da flora e fauna. A empresa socialmente responsável é aquele que possui a capacidade de ouvir os interesses das diferentes partes e conseguir incorporá-las no planejamento de suas atividades.

Um dos pilares da responsabilidade social é a promoção do desenvolvimento sustentável, em nível global, ou seja, o uso dos recursos naturais de maneira consciente, de modo que as futuras gerações possam usufruir, no mínimo, os mesmo recursos. A empresa deve, portanto, garantir que sua atividade não prejudique as pessoas nem o meio ambiente e trabalhe no sentido de ajudar na melhoria da qualidade de vida.

A empresa deve ampliar os públicos com os quais deve ocupar em suas decisões e passar a incluir todos aqueles que influenciam ou são influenciados pelos negócios da empresa assim como realizar uma verdadeira inclusão social, ampla e universal com respeito aos direitos humanos fundamentais, como direito à alimentação adequada, à liberdade, à educação básica entre outros e com certeza a eliminação da discriminação de gênero, racial, ideológica, sexual, cultural, etc.

Dentro desta ótica socialmente responsável, a empresa deve contribuir para a promoção do desenvolvimento sustentável pois é isto que a sociedade brasileira espera que as empresas façam. Das empresas se espera um novo papel no processo de desenvolvimento e que elas sejam agentes de uma nova cultura de mudança social.

11. O saber e a racionalidade ambiental

Enrique Leff, doutor em Economia do Desenvolvimento pela Sorbonne, propõe o conceito de saber ambiental e afirma que o "conceito de ambiente adquire novas luzes e matizes, no qual os reflexos de cada tema sobre os outros vão delineando novas vertentes e abrindo novos campos de aplicação". Para Leff ambiente é uma "visão das relações complexas e sinérgicas gerada pela articulação dos processos de ordem física, biológica, termodinâmica, econômica, política e cultural".

As ideias de Leff estão expostas em **Saber Ambiental** publicada originalmente em 1998 pela Universidade Nacional Autônoma de México (UNAM). O livro na realidade é um conjunto de artigos e de notas de conferências realizadas pelo autor e trata de temáticas relacionadas com o ambiente, desde o desenvolvimento sustentável, economia ecológica e ecologia política até a questão da ética, cidadania e apropriação social da natureza.

Para Leff, o saber ambiental excede as "ciências ambientais", constituídas como um conjunto de especializações surgidas da incorporação dos enfoques ecológicos às disciplinas tradicionais e está em

> processo de gestação, em busca de suas condições de legitimação ideológica, de concreção teórica e de objetividade prática. Esse saber emerge de um processo transdisciplinar de problematização e transformação dos paradigmas dominantes do conhecimento; transcende as teorias ecologistas, os enfoques energetistas e os métodos holístico no estudo dos processos sociais.. Neste sentido, integra fenômenos naturais e sociais e articula processos materiais que conservam sua especificidade ontológica e epistemológica, irredutível a um metaprocesso homologador e a um logos unificador. (LEFF, 2001, p.149)

Leff em sua obra provoca uma reflexão sobre a racionalidade econômica cartesiana e o chamado desenvolvimento sustentável presente no Informe Bruntland e à vulgarização da noção de sustentabilidade que para ele não deixa de defender a perspectiva de se conseguir um crescimento sustentado baseado no mecanismo de livre mercado.

A racionalidade ambiental, para Leff, articula as racionalidades teóricas e prática onde confluem os conhecimentos, saberes e comportamentos que configuram o campo complexo do saber e da ação ambiental. A racionalidade não é a expressão de uma lógica, mas o efeito de um conjunto de interesses e de práticas sociais que articulam ordens materiais diversas.

O saber ambiental - que se forja no encontro (enfrentamento, entrecruzamento, hibridização, antagonismo) de saberes diferenciados por matrizes de racionalidade-identidade-sentido que respondem a estratégias de poder pela apropriação do mundo e da natureza. O saber ambiental é concebido como um processo em construção, complexo, por envolver aspectos institucionais tanto de nível acadêmico – contrariando os "paradigmas normais" do conhecimento – quanto de nível sociopolítico, por meio de movimentos sociais e de práticas tradicionais de manejo dos recursos naturais.

O saber ambiental emerge assim como uma consciência crítica que avança com um propósito estratégico, transformando os conceitos e métodos de uma constelação de disciplinas e construindo novos instrumentos para implementar projetos e programas de gestão ambiental. Embora o saber ambiental surja transformando os conteúdos e orientações teóricas de um conjunto de disciplinas, orienta-se por sua vez, com um fim prático para a resolução de problemas concretos e para a implementação de políticas alternativas de desenvolvimento (LEFF, 2002.).

12. Ética Ambiental

A ética ecológica é uma atitude do homem perante a natureza e a vida que se fundamenta na conscientização de que todos os seres vivos são importantes e mutuamente necessários. A ética ambiental parte de uma visão ecocentrica. Surge uma nova relação de consciência entre o homem e a natureza. Nesta nova concepção o homem passa a se preocupar com as ações e como consequência passa a praticar ações coerentes com a natureza isso leva ao desenvolvimento de conscientização e compromisso preservacionista e conservacionista da vida global.

Praticar o ambientalismo desfocado da questão ética, desconectado dos compromissos é um não-fazer Educação Ambiental. Necessitamos de uma ética que contemple não só os indivíduos como também todas as espécies, a chamada dimensão holística.

A ética ambiental aponta um novo entendimento da vida, sua base científica é o estudo da relação homem-natureza, englobando neste binômio os seres bióticos e abióticos existentes; tudo que existe tem sua importância e passa a fazer parte desta nova relação ética. Estas atitudes ajudarão a formar uma humanidade consciente de sua posição diante à existência dos componentes terrestre. A ética ambiental surge no debate ecológico expondo questões fundamentais, discutindo o próprio ponto de partida e abrangência dos sujeitos de consideração à mesma.

12.1 - Uma nova ética do desenvolvimento

Deve-se construir uma nova concepção ética que vai além da internalizar valores e que se desdobrem em ações educacionais marcadas pelo compromisso, com a compreensão e com a solução dos graves problemas ambientais.

> Afirmar que os seres humanos constituem o centro e a razão de ser do processo de desenvolvimento significa advogar um novo estilo de desenvolvimento que seja *ambientalmente sustentável* no acesso e no uso dos recursos naturais e na preservação da biodiversidade; *socialmente sustentável* na redução da pobreza e das desigualdades sociais e promotor da justiça e da equidade; *culturalmente sustentável* na conservação do sistema de valores, práticas e símbolos de identidade que, apesar de sua evolução e sua reatualização permanentes, determinam a integração nacional através dos tempos; *politicamente sustentável* ao aprofundar a democracia e garantir o acesso e a participação de todos nas decisões de ordem pública. Este novo estilo de desenvolvimento tem por norte uma nova ética do desenvolvimento, *ética* na qual os objetivos econômicos do progresso estão subordinados às leis de funcionamento dos sistemas naturais e aos critérios de respeito à dignidade humana e de melhoria na qualidade de vida das pessoas. (GUIMARAES, 2001, p. 55)

Mas como desenvolver uma nova ética que não seja apenas utópica? Devemos desenvolvê-la fundamento-a em um novo modelo de desenvolvimento que supere a miséria e a falta de educação básica e que esta sirva de instrumento para a inserção efetiva no processo econômico e político da população.

13 . A importância da Educação Ambiental

> A educação ambiental é um processo permanente no qual os indivíduos e a sociedade tomam consciência do seu meio ambiente e adquirem conhecimentos, habilidades,

experiências, valores, e a determinação que os tornam capazes de agir individual ou coletivamente, na busca de soluções para os problemas ambientais presente e futuros. (Unesco – 1987)

Segundo Aziz Nacib Ab'Saber "a preocupação básica da Educação Ambiental é a de garantir um meio ambiente sadio para todos os homens e tipos de vida existentes na face da Terra" e exige "método, noção de escala, boa percepção das relações de tempo, espaço e conjunturas, conhecimentos sobre diferentes realidades regionais."

É um componente essencial permanente da educação, devendo estar presente, de forma articulada em todos os níveis e modalidades do processo educativo, em caráter formal e não formal. Permeia a ética, a educação, o trabalho e as práticas sociais. A Educação Ambiental dentro de uma abordagem socioambiental é proposta como uma alternativa educacional complexa que deverá ser levada à prática com a formalidade de se verificar as suas possibilidades reais na melhoria da qualidade da educação pública. Vincula-se a um processo educativo voltado para uma sociedade baseada na sustentabilidade, economia social e política.

Pedagogia da sustentabilidade

Segundo Moacir Gadotti, "a cultura da sustentabilidade supõe uma **pedagogia da sustentabilidade** que dê conta da grande tarefa de formar para a cidadania planetária. Esse é um processo já em marcha".

A educação ambiental deve facilitar a cooperação mútua e equitativa nos processos de decisão, em todos os níveis e etapas e recuperar, reconhecer, respeitar, refletir e utilizar a história e as culturas locais. Como vimos, deve promover a diversidade cultural, linguística e ecológica e potencializar o poder das populações. O docente deve educar **sobre** o meio ambiente, **no** meio ambiente e **para** o meio ambiente, ou seja, a educação Ambiental promove a mudança e a transformação das pessoas e do próprio meio.

Não podemos esquecer que os quatro pilares elencados por Jacques Delors é referência fundamental: uma educação Ambiental não pode dispensar o **Aprender a conhecer**, o **Aprender a fazer**, o **Aprender a conviver** e o **Aprender a ser**. O professor precisa saber dialogar, escutar, trabalhar em equipe, promover a discussão e o debate, entre outros saberes. Deve tornar o ato da descoberta ambiental um ato prazeroso que valorize a descoberta, a autonomia. O professor deve saber fazer a pedagogia, saber fazer a análise, a criatividade e a aprendizagem. Incentivar e desenvolver o espírito coletivo, o trabalho em equipe. Trabalhar a comunicação!

Como apregoa Guimaraes (2005, p. 83) a Educação Ambiental deve "voltar-se para uma práxis de transformação da sociedade em busca de uma sustentabilidade calcada em novos paradigmas" o que fundamenta esta educação ambiental crítica é o dever de romper com os laços do antropocentrismo, do individualismo, do consumismo entre outros.

O docente deve saber conviver nas situações mais críticas, construir, ter atitude de respeito as pessoas. Cabe ao professor saber ser cidadão, democrata, transformador. Saber aprender a aprender e aprender a viver junto, em comunhão, no pluralismo e na cultura de paz. Ser ético e estético. Sua sensibilidade é o limite!

A Prostituta de Todos –natureza, sociedade e meio ambiente, por Gilberto da Silva

Referências Bibliográficas

GADOTTI, Moacir. **Agenda 21 e a Carta da Terra.** In Construção da proposta Pedagógica, Volume 1, Embrapa, São Paulo: Globo, 2004.

GUIMARAES, Roberto P. **A ética da sustentabilidade e a formação de políticas de desenvolvimento.** In O desafio da sustentabilidade – um debate socioambiental no Brasil. São Paulo; Editora Fundação Perseu Abramo, 2001.

GUIMARAES, Mauro. **Sustentabilidade e Educação Ambiental.** In A questão ambiental: diferentes abordagens. Riode Janeiro: Bertrand Brasil, 2005.

_____. **Caminhos da educação ambiental.** Campinas, SP: Papirus, 2006.

FREITAS, Marcílio. **Amazônia e Desenvolvimento Sustentável – Um diálogo que todos deveriam conhecer.** (com a colaboração de Walter Esteves de Castro Júnior). Petrópolis, RJ:Vozes, 2004.

FREIRE, Paulo. **Pedagogia do Oprimido.** Rio de Janeiro: Paz e Terra, 1982.

LEFF, Enrique. **Saber Ambiental: sustentabilidade, racionalidade, complexidade, poder.** Petrópolis, RJ: Vozes, 2001.

_____. **Complexidade Ambiental.** São Paulo: Cortez, 2003.

MINC, Carlos. **A ecologia nos barrancos da cidade.** In O desafio da sustentabilidade – um debate socioambiental no Brasil. São Paulo; Editora Fundação Perseu Abramo, 2001.

RUTKOWSKI, Emilia. **As águas doces.** in Bacia Hidrográfica & Bacia Ambiental, Ligação janeiro/fevereiro 2000, Sabesp, São Paulo.

SACHS, Ignacio. **O caminho para um outro paradigma.** Revista Le Monde Diplomatique Brasil, ano 2 n. 24. São Paulo: Instituto Pólis, Julho, 2009.

_____. **Rumo à Ecossocioeconomia: teoria e prática do desenvolvimento.** São Paulo; Cortez, 2007.

VIANNA, Pedro. **A água vai acabar? - a importância dos conflitos pela água na formação do Brasil.** In Que país é esse?: pensando o Brasil contemporâneo. São Paulo: Globo, 2005.

Perfil do autor:

Gilberto da Silva é formado em sociologia e jornalismo, mestre em Comunicação pela Faculdade Cásper Líbero. Foi professor do ensino secundário e professor universitário. Edita a revista virtual P@rtes (www.partes.com.br).

Contatos com o autor: gilberto@partes.com.br